Franz-Josef Nocke · Wort und Geste

Franz-Josef Nocke

Wort und Geste

Zum Verständnis
der Sakramente

Kösel-Verlag München

CIP-Kurztitelaufnahme der Deutschen Bibliothek

Nocke, Franz-Josef:
Wort und Geste : zum Verständnis d. Sakramente /
Franz-Josef Nocke. – München : Kösel, 1985.
  ISBN 3-466-20269-8

© 1985 by Kösel-Verlag GmbH & Co., München
Printed in Germany. Alle Rechte vorbehalten
Gesamtherstellung: Kösel, Kempten
Umschlag: Günther Oberhauser, München, unter
Verwendung eines Fotos von Oswald Kettenberger:
Bronzeplastik von Hildegard Bienen in Maria Laach, 1977
ISBN 3-466-20269-8

Inhalt

Liturgische Vollzüge 103 – *Taufe: Kirchliche Gemeinschaft als Sakrament der Vergebung* 103 – *Eucharistie: Mahl der Versöhnung* 104 – *Bußgottesdienst: Gemeinsamkeit in der Schuld und in der Hoffnung* 105 – *Beichte* 107

Vorwort

Daß die Teilnahme an den Sakramenten, zumindest statistisch betrachtet, hierzulande weiter abnimmt, könnte ein Indiz dafür sein, daß immer weniger Menschen mit diesen kirchlichen Vollzügen etwas anzufangen wissen. Andererseits scheint aber gegenwärtig so etwas wie eine neue Sensibilität für die Sprache der Gebärden, für die Bedeutung zweckfreien Spielens und Redens aufgebrochen zu sein. Von hier aus könnte ein erneuertes Sakramentsverständnis gewonnen werden, in welchem die Sakramente nicht wie absonderliche, mit keinen anderen Erfahrungen vergleichbare Vorkommnisse einer religiösen Sonderwelt erscheinen, sondern als Handlungen, die tief im Wesen des Menschen angelegt sind. Dem sollen die hier vorgelegten Beiträge ein wenig dienen. Es geht mir, etwas plakativ gesagt, um anthropologisch orientierte und gleichzeitig vor der kirchlichen Glaubenstradition verantwortete Sakramententheologie.

Die einzelnen Beiträge entstanden aus unterschiedlichen Anlässen. Das wird der Leser sowohl den jeweiligen Themenstellungen als auch der Sprache und dem etwas unterschiedlichen Gewicht der theologischen Argumentation anmerken. Vielleicht ergibt sich aber insgesamt doch ein Bild. Die ersten beiden Artikel sind deutlicher aufeinander bezogen und wollen, einmal vom Zeichen (»Geste«), einmal vom Wort her, zum Grundverständnis dessen vorstoßen, was mit Sakrament gemeint ist. Konkretisiert wird das dann an zwei Beiträgen zu dem zentralen Sakrament der Eucharistie. Wenn danach zwei Aufsätze zur Bußtheologie, und dazu noch etwas umfangreicher, folgen, dann nicht etwa, weil das Bußsakrament einen gleichen Rang oder gar noch einen größeren einnähme als die Eucharistie, sondern nur deshalb, weil, was die Diskussionen in Glaubensgesprächen und theologischen Akademien immer wieder bezeugen, viele katholische Christen hier die größten Probleme sehen. Schließlich: man kann heute wohl kaum über die Bedeutung der Sakramente sprechen, ohne an die nahen Freunde und Angehörigen zu denken, die, obwohl in der Kirche aufgewachsen, nicht (mehr) an den Sakramenten teilnehmen. Der Gedanke an sie ist für viele »praktizierende« katholische Christen zu einer Anfrage an ihre eigene Überzeugung und Praxis geworden. Mit dieser Problematik befaßt sich, zugespitzt am Beispiel der Jugend, der letzte Artikel.

Immer standen mir beim Entwurf dieser Beiträge konkrete Erfahrungen vor Augen. Daß ich sie machen konnte, verdanke ich vielen, mit denen zusammen ich Liturgie feiern – und erleben! – durfte und deren Namen hier unmöglich alle aufzuzählen sind. Zwei möchte ich aber doch nennen: Pfarrer Günter Becker und die Gemeinde »Christus unser Friede« in Duisburg-Hagenshof.

Duisburg, 25. Oktober 1984   *Franz Josef Nocke*

Gesten

Mit welchen Erfahrungen heutiger Menschen berührt sich katholische Sakramententheologie? Wie könnte der Berührungspunkt des näheren aussehen? Welche Aussagen unserer Glaubenstradition wären besonders hervorzuheben, damit die Korrelation zwischen Glaube und Erfahrung deutlich wird? Auf diese Anfragen will dieser Beitrag eine kleine, sicher nur ausschnitthafte Antwort geben. Deshalb möchte ich zunächst einen Blick auf die gegenwärtige pastorale Situation und auf einige Erfahrungen werfen, die vielleicht für unsere Epoche typisch sind.

Zur gegenwärtigen Situation

Sakramente weniger gefragt?

Rein statistisch sieht es so aus, als sei der Sinn für die Sakramente im Schwinden. Die Zahl der Eucharistieteilnehmer nimmt in der Bundesrepublik seit 1950 langsam, aber kontinuierlich ab[1]; die kirchliche Trauung erscheint immer mehr jungen Menschen, die eine Zweierbeziehung eingehen, fragwürdig[2]; die Kurve der

---

[1] Vgl. *J. Höffner,* Pastoral der Kirchenfremden. Eröffnungsreferat bei der Herbstvollversammlung der Deutschen Bischofskonferenz 1979 in Fulda, Bonn o. J., 25 f. In jüngster Zeit scheint die Kurve rapider zu sinken: *Höffner* registriert eine Abnahme von 5,1% allein im Jahr 1978.

[2] Vgl. ebd., 20 ff. Die zunehmende Reserve gegenüber einer kirchlichen Trauung dürfte allerdings viele, sehr verschiedene Gründe haben. Vgl. dazu z. B. *K. Hilpert,* Nichteheliche Lebensgemeinschaften und Ehe, in: Katechetische Blätter 107 (1982) 644–658, und die dort genannte Literatur.

Beichthäufigkeit sank schon in den 60er Jahren rapide ab[3]; der Prozentsatz der Eltern, die ihre Kinder nicht taufen lassen, steigt in manchen Großstädten sprunghaft an[4].

Zu den Hintergründen dieser Entwicklung gehört sicher die wachsende Distanz gegenüber der Kirche. Diese Distanz allein ist allerdings noch nicht als Zeichen abnehmender Religiosität und Glaubensbereitschaft zu werten. In den letzten Jahren wurde von verschiedenen Seiten das Phänomen kirchendistanzierter Religiosität registriert[5]. Einfacher gesagt: Bei vielen Menschen heute scheint der Glaube an Gott weniger »kirchlich« zu sein. Für sie werden in der Regel die Sakramente als typisch kirchliche Veranstaltungen ausscheiden; sie werden versuchen, ohne Sakramente religiös zu sein.

Sicher spielt auch ein gewisser Widerwille gegenüber Riten mit, die wie seelenlose Vollzüge einer Institution wirken. Das ganze Ritual von Sicherheitsmaßnahmen, dem man z. B. vor dem Besteigen eines Flugzeuges ausgesetzt ist, und tausend ähnliche Prozeduren läßt man noch über sich ergehen, weil sie in einem, wenn auch oft nicht überschaubaren, technisch-praktischen Zusammenhang stehen. Geht es aber um den Glauben, also um etwas sehr Persönliches, ja für viele ganz Intimes, dann werden, wahrscheinlich weil sie jenen mechanischen Prozeduren zu ähnlich zu sein scheinen, festgelegte rituelle Abläufe als unpassend und störend empfunden.

[3] Vgl. die ausführlich dokumentierten Befragungsergebnisse in: *K. Baumgartner,* Erfahrungen mit dem Bußsakrament. Bd. 1, München 1978.

[4] Nach *N. Greinacher* wurden z. B. im Jahre 1977 in der Stadt München 44,13% der neugeborenen Kinder (bis zu einem Jahr), die mindestens einen katholischen Elternteil hatten, nicht getauft. Vgl. *N. Greinacher,* Zehn Jahre danach. Probleme und Tendenzen im Katholizismus der Bundesrepublik Deutschland seit dem Essener Katholikentag (1968), in: Frankfurter Hefte 33 (1978) Heft 10,39–52, bes. 40f.; hier zit. nach *N. Mette,* Kirchlich distanzierte Christlichkeit, München 1982, 43f.

[5] Vgl. *K. Forster* (Hrsg.), Religiös ohne Kirche?, Mainz 1977; *J. Höffner,* a.a.O.; *W. Kempf,* Für euch und für alle. Brief des Bischofs von Limburg zur Fastenzeit 1981 an die Gemeinden des Bistums, besonders an ihre sogenannten Fernstehenden, Limburg 1981; *N. Mette,* a.a.O.

Ein Unterschied zu früheren Zeiten besteht auch darin, daß der einfache Hinweis auf ein göttliches Gebot keine ausreichende Motivation mehr schaffen kann. Genügte früher für manchen Christen, der nicht sonderlich gern zur Kirche ging, die Erinnerung daran, daß die Sonntagsmesse ein »unter Todsünde« verpflichtendes Gebot sei, das man nur mit dem Risiko ewiger Höllenstrafe übertreten kann, stand also der Meßbesuch eigentlich gar nicht ernsthaft zur Disposition, so fragen heute sehr um den Glauben bemühte und gewissenhafte Zeitgenossen: »Was gibt mir die Messe?« (wobei sie nicht an den himmlischen Lohn nach dem Tode denken, sondern an die heute erfahrbaren Auswirkungen) – und machen ihr Verhalten von der Antwort auf diese Frage abhängig, gegebenenfalls in der Form, daß sie in der Pfarrei X wohl zur Eucharistie gehen, in der Pfarrei Y aber nicht, eben weil die Art der Feier ihnen »nichts gibt« oder sie nur ärgert.

Wiederum ein Hintergrund dafür (nicht der einzige, aber wahrscheinlich der bedeutendste) ist die Tatsache, daß »Gott« uns nicht mehr selbstverständlich gegeben ist. Die Voraussetzung dafür, daß das Gebot als solches Motivation sein konnte, war ja, daß die Existenz Gottes und die von ihm verhängten Sanktionen (Himmel, Hölle) im Bewußtsein fest verankert waren. Dagegen scheint heute für viele von uns das Wort »Gott« die uns unbekannteste, unverständlichste und vielleicht sogar fremdeste von allen Wirklichkeiten zu meinen. In unsere Erfahrung zu kommen scheint diese Wirklichkeit, wenn überhaupt, dann in Erfahrungen unseres eigenen Menschseins, vor allem in der Begegnung mit anderen Menschen.

Veränderte Blickrichtung

Nun kann solche Erfahrung (Erfahrung Gottes in zwischenmenschlichen Erfahrungen) ja durchaus in sakramentalen Zusammenkünften (z. B. in einer Eucharistiefeier) geschehen. Aber – was für unsere Überlegungen wichtig ist – die Richtung hat sich geändert: Man kommt nicht mehr vom mehr oder weniger selbstverständlichen Glauben an Gott her, läßt sich von diesem auf die Sakramente verweisen und nimmt deshalb gehorsam an den vorgeschriebenen religiösen Handlungen teil; man kommt auch nicht aus einer ausgesprochen religiösen Heilsnot heraus (wie finde ich Vergebung meiner Sünden?), so daß man die Sakramente als rettende Heilmittel ergriffe (unter solchen Bedingungen würde man ja auch eine sehr bittere Arznei akzeptieren); sondern man kommt eher suchend nach Sinn; hungrig nach tiefer Begegnung und Gemeinschaft, nach Überwindung der vielfach gegebenen Isolierung; mit dem Verlangen, loszukommen vom narzißtischen Kreisen um sich selbst, herauszufinden aus der eigenen Sprachlosigkeit und Unbeweglichkeit; man kommt mit dem Wunsch, erlöst zu werden von der eigenen Hoffnungslosigkeit, also zwar aus einer durchaus empfundenen Not; aber diese Not wird eher als ein menschliches Defizit verstanden, denn als eigentlich religiöse Not. Die Grundfrage lautet zunächst nicht: »Wie finde ich einen gnädigen Gott?« sondern: »Wie finde ich zu gelingendem Leben?«

Wenn nun eine konkrete Zusammenkunft von Menschen solchen Hunger stillt, den einzelnen so öffnet, daß er sich ein Stück geheilt, befreit erfährt, ihn ermutigt, aus sich herauszugehen und sich auf die Bewegung der Liebe einzulassen, ihm Vertrauen und Hoffnung ermöglicht, wenn das wirklich in einer bestimmten Zusammenkunft geschieht, dann liegt darin die Chance, daß in dieser Erfahrung von Heilung und Befreiung auch die Fähigkeit wächst, jene tiefere Wirklichkeit zu erahnen, welche dies alles ermöglicht: den Grund des Vertrauens, die uns schon vorgegebene und erst in Bewegung bringende Dynamik der Liebe, den Bezugspunkt, der unsere Hoffnung provoziert – und daß darin auch die Fähigkeit wächst, sich einzulassen auf das letzte Geheimnis dieser Zusammenkunft: auf Gott.

So etwas geschieht bisweilen in eucharistischen Feiern, vielleicht am ehesten in solchen, die im Kontext einer intensiven menschlichen Bemühung umeinander stehen (z. B. an einem gemeinsam verbrachten Wochenende).

Mit anderen Worten: Glaube, Hoffnung und Liebe können schon gegeben sein, bevor sie ausdrücklich auf Gott bezogen werden. Der einzelne kann sie erfahren als Bewegung, die in ihm wirkt, ohne daß er Ziel und Grund dieser Bewegung benennen könnte, und sie erst später erkennen und bejahen als Bewegung auf Gott hin. In diesem Fall kann für ihn die sakramentale Feier ein Weg zur »Entdeckung« Gottes werden.

Wenn das zu abstrakt klingen sollte, so möchte ich an ein Phänomen erinnern, das den allermeisten Jugendseelsorgern vertraut sein dürfte. Da kommen Jugendliche zur Messe, die nicht wissen, ob sie an Gott glauben, denen es aber viel bedeutet, bei der Gemeinschaft der Eucharistie Feiernden dabei zu sein. Könnte es nicht sein, daß sie von jener Bewegung erfaßt sind, die ich anzudeuten versuchte?

Das bedeutet aber für den Stellenwert der Sakramente in der Glaubensgeschichte des einzelnen, den wir jetzt im Blick haben: Das Sakrament wird dann (und insofern) ein Zugang zum Geheimnis Gottes, wenn (und soweit) in ihm erfahrbar Befreiung, Heilung, Ermutigung geschieht. Von daher sind die manchem allzu subjektiv klingenden Fragen nach dem Sinn der eigenen Teilnahme am Sakrament verständlich: Was gibt mir die Messe? Rührt sie mich an? Baut sie etwas in mir auf? Fordert sie mich heraus? Führt sie mich weiter? Warum sollte ich, wenn von alldem nichts geschieht, dann dabei mitmachen? Was bringt es, wenn wir kirchlich heiraten? Wird unsere Zweierbeziehung dadurch wirklich tiefer, reicher, widerstandsfähiger? Oder täuschen wir uns nur eine größere Sicherheit vor?

Von daher wird aber auch deutlich, wie sehr es darauf ankommt, daß die »Sprache« sakramentaler Zeichen verstanden und existentiell begriffen wird. Wenn es stimmt, daß für viele heute die Feier der Sakramente nicht einfach die Konsequenz ihres Glaubens an Gott ist, sondern daß umgekehrt der Weg in der Erfahrung zwischenmenschlicher Begegnung beginnt, von dort (wenn es gut geht) zu Sinnerfahrungen in sakramentalen Zusammenkünften führen kann und von dort zum ausdrücklichen Glauben an Gott, dann muß auch der Sinn für Zeichenhandlungen zunächst nicht theologisch, sondern anthropologisch erschlossen werden. (Daß bei diesem Verfahren auch die Theologie für ihr eigenes Glaubensverstehen nur lernen kann, ist in der Diskussion über das Korrelationsprinzip[6] ja schon öfters unterstrichen worden). Hier kommt uns nun eine Entwicklung entgegen, die wir in der Gegenwart beobachten können: ein neu erwachender Sinn für Zeichenhandlungen.

Neuer Sinn für Zeichenhandlungen

Vielleicht handelt es sich um eine Gegenbewegung gegen die in den letzten zehn bis fünfzehn Jahren erfolgte Überbetonung des Rationalen und des Zweckdenkens, die unser ganzes gesellschaftliches Bewußtsein (Politik, Pädagogik usf.), aber auch die kirchliche Liturgie erfaßt hatte: zugunsten des Wortes wurden Gestus und Spiel sehr klein geschrieben; wahrscheinlich ist es aber auch als Überwindung einer gottesdienstlichen Praxis zu verstehen, die zu starr geworden war, zu wenig als menschlich gefüllter Ritus und zu sehr als bloßes gehorsames Befolgen von Rubriken erlebt wurde; jedenfalls gibt es heute, besonders bei jungen Menschen, eine neue Wertschätzung von Gesten und anderen Zeichen, in denen sich personale Akte ausdrücken und verwirklichen.

Ein typisches Beispiel dafür könnte die seit einigen Jahren vielerorts gern gefeierte »Liturgische Nacht« sein: eine sich meist über mehrere Stunden hinziehende Zusammenkunft, in welcher

---

[6] Zum Thema »Korrelation« vgl. bes.: *Zielfelderplan* für den katholischen Religionsunterricht in der Grundschule, Grundlegung, München 1977, 13 bis 20; *G. Fuchs,* Glaubhaft ist nur Liebe. Theologische Anmerkungen zu Ansatz und Perspektive des Zielfelderplans für den katholischen Religionsunterricht in der Primarstufe, in: Katechetische Blätter 102 (1977) 371 bis 377; ferner die Beiträge von *E. Schillebeeckx, A. Schilson, G. Lange* und *F.-J. Nocke* in: Katechetische Blätter 105 (1980) Heft 2 (S. 83–155).

die klassischen liturgischen Elemente (Verkündigung des Wortes, eucharistische Mahlfeier) mit anderen Formen der Kommunikation verwoben sind: Gespräch in kleinen Gruppen, Malen, Tanzen, Liedermachen, Pantomime, Kreation eines szenischen Spiels, das einen Gedanken dieses Abends ausdrükken könnte, Essen und Trinken (»Agape«) u. ä. Wohl nicht zufällig bevorzugt man hierfür den Abend oder die Nacht, jene Zeit, in der man offener ist für das nicht unmittelbar Zweckhafte, für das mehr Geahnte als rational Erfaßbare, für das Hintergründige. Einzelne Zeichen werden besonders wichtig genommen: das Sitzen im Kreis, der oft sehr herzlich und intensiv ausgetauschte Friedensgruß, das Brechen des Brotes, die Weitergabe von Brot und Wein an den anderen, das Aufeinanderwarten, bis alle von dem geteilten Brot in der Hand haben, lauter Zeichen, die deutlich »sprechen« und damit zugleich Wirklichkeit schaffen.

Überhaupt ist man in den letzten Jahren erfinderisch geworden in Zeichen dieser Art. Man knüpft ein Friedensnetz, das jeden der Anwesenden unmittelbar mit zwei, drei oder vier anderen, durch diese aber mit allen anderen in der Feier verbindet. Man schreibt (jeder für sich) seine persönliche Schuld auf ein Blatt Papier und verbrennt die zusammengetragenen Papiere in einem Feuer. Man trägt Zettel mit persönlichen Bitten (oder auch Danksagungen) auf den Altar. Man heftet die aufgeschriebenen Sorgen auf ein großes Kreuz. Man bringt sein persönliches Gebet an einer Pinnwand an und bittet auf diese Weise stillschweigend um das Mitgebet der anderen. Man versucht die Zeichen auch über die Dauer der Feier hinauszutragen: oft noch monatelang danach tragen Jugendliche am Handgelenk einen Faden aus dem Friedensnetz.

Alle diese Beispiele stammen aus dem gottesdienstlichen Bereich. Sehr bemerkenswert scheint mir aber, daß es ganz ähnliche Phänomene in »profanen« Zusammenhängen gibt. Ich erinnere mich an ein vor etlichen Jahren geführtes Gespräch mit einer Gruppe von Jungsozialisten, die über ihre Arbeit in Bürgerinitiativen nachdachten, diese mit ähnlich gelagerten kirchlichen Aktionen verglichen und dabei selbstkritisch bemerkten: Wir sind zu abstrakt, zu sehr auf das unmittelbar praktische politische Handeln beschränkt; ihr in der Kirche sprecht mehr den ganzen Menschen an, ihr arbeitet nicht nur, ihr feiert Feste, singt und spielt miteinander. Inzwischen hat sich das Bild verändert. Bei den Büchertischen der linken Gruppen in unserer Uni sehe ich neuerdings kleine Kerzen brennen; Musik, Tee und Kuchen laden zum Verweilen ein, wer sich dazustellt und mittrinkt und mißt, setzt ein Zeichen von Solidarität. Wenn die Teilnehmer an einer der großen Friedensdemonstrationen von ihren Eindrücken erzählen, spielen einzelne Gesten eine bedeutsame Rolle, z. B. die Blumen für die Polizisten (und daß diese sie annahmen und ansteckten) und das Singen und Tanzen, das im Kontrast zu den gerade auf solchen Treffen ausgesprochenen furchtbaren Bedrohungen zum Ausdruck einer großen Hoffnung wurde. Als ich beim diesjährigen Ostermarsch vom Straßenrand aus zuschaute, kam aus dem Zug ein junger Mann auf mich zu, um mich zu umarmen und mir »Shalom!« zu sagen; kurz darauf eine Frau, die ihr Stück Schokolade durchbrach und mir die Hälfte gab. Offenbar wachsen auch weit außerhalb der Kirche das Bedürfnis, wichtige Dinge in Zeichenhandlungen auszudrücken, und die Hoffnung, daß in solchen Handlungen sich Wirklichkeit verändert.

Ist von hierher ein Zugang zu den kirchlichen Sakramenten möglich, der mehr ist als ein bloßer Aufhänger? In welchem Sinne können Sakramente als Zeichenhandlungen verstanden werden? Es lohnt sich, auf diese Frage hin einige Grundaussagen unserer Sakramententheologie zu bedenken.

Sakramente als Zeichen

Klassische Definitionen: »Zeichen« und »Sache«

»Zu jedem Sakrament gehören folgende drei Stücke: 1. das äußere Zeichen, 2. die innere Gnade, 3. die Einsetzung durch

Jesus Christus.«[7] Diesen Satz aus dem Einheitskatechismus haben zumindest die Älteren von uns fest im Kopf. Die Problematik, die sich mit dem dritten »Stück« (»Einsetzung durch Jesus Christus«) verbindet, lassen wir einmal außer Betracht. Uns interessiert der Zusammenhang zwischen dem Ersten und dem Zweiten, zwischen »Zeichen« und »Gnade«, »Außen« und »Innen«.

Als man im 12. Jahrhundert begann, eine allgemeine Sakramentenlehre zu entwickeln, ging man von dem Wort »Zeichen« *(signum)* als einem Grundbegriff aus. Man berief sich gern auf eine Definition des heiligen *Augustinus,* nach welcher das Sakrament »Zeichen einer heiligen Sache« sei[8], und versuchte, die Eigenart dieses Zeichens näher zu bestimmen. In seinem für die ganze spätere Scholastik grundlegenden Sentenzenbuch erklärt *Petrus Lombardus:* Das Sakrament ist auf solche Weise Zeichen der Gnade, daß es deren Bild und Ursache ist[9]. Mit anderen Worten: Das unsichtbare Gnadengeschehen steht in ursächlichem Zusammenhang mit dem sichtbaren Zeichen. Und: Das Zeichen bildet dieses Geschehen ab; man kann es ihm »ansehen«.

---

[7] *Katholischer Katechismus* für das Erzbistum Paderborn, Paderborn 1925, 72.

[8] Vgl. z. B. *Petrus Lombardus,* IV. Sent., 1,2. Für die theologiegeschichtlichen Ausführungen im folgenden vgl. *F.-J. Nocke,* Sakrament und personaler Vollzug bei Albertus Magnus, Münster 1967, bes. 12–15 und 24–32, und vor allem *J. Finkenzeller,* Die Lehre von den Sakramenten im allgemeinen. Von der Schrift bis zur Scholastik (Handbuch der Dogmengeschichte, hrsg. von *M. Schmaus* u. a., IV/1a) Freiburg i. B. 1980, bes. 97 bis 103 und 195–209.

[9] »Sacramentum enim proprie dicitur quod ita signum est gratiae et invisibilis gratiae forma, ut ipsius imaginem gerat et causa existat.« *Petrus Lombardus,* IV. Sent., 1,4. Vgl. *J. Finkenzeller,* a.a.O., 88.

Das Problem: Wie hängen »Zeichen« und »Sache« zusammen?

Aber wie kann dieser Zusammenhang genauer beschrieben werden, ohne daß (einerseits) Magie den Glauben ersetzt, d. h. ohne daß Gottes Gnade durch bestimmte, von der inneren Einstellung des Menschen ablösbare rituelle Praktiken manipuliert werden kann, und ohne daß (andererseits) das Sakrament ein für das Zustandekommen des inneren Gnadengeschehens letztlich doch unbedeutendes Zeichen, bloßes Signal ist? Dies war von Anfang der Sakramententheologie an ein Problem.

Es vergrößert sich noch, wenn wir einige uns geläufige kirchliche Glaubensüberzeugungen mitbedenken. Die Älteren von uns werden sich an die Übung der »Geistlichen Kommunion« erinnern: Man ging zur Messe, empfing aber (aus Ehrfurcht) nicht die Kommunion, sondern setzte statt dessen in seinem Innern all die geistigen Akte, die zu einem würdigen und fruchtbaren Empfang der Kommunion gehören, und war der Überzeugung, daß man auf diese Weise zwar nicht das Sakrament, aber doch die ganze sakramentale Gnade empfing. Jedes Kind lernte im Katechismusunterricht, daß in der vollkommenen Reue alle Sünden getilgt werden, daß also außerhalb des Sakraments gerade das geschieht, was man normalerweise dem Bußsakrament zuschreibt. Schon in der alten Kirche ging man davon aus, daß das Martyrium die Taufe ersetzen kann (»Bluttaufe«), und in der katholischen Theologie der Neuzeit kommt man immer mehr zu der Überzeugung, daß nicht nur die sakramentale Taufe, sondern auch das Verlangen nach der Taufe *(votum baptismi),* ja unter Umständen sogar eine innere Haltung, die sich gar nicht ausdrücklich auf die Kirche und ihre Sakramente richtet, die aber ihrer Tendenz nach, wenn vielleicht auch auf eine sehr anonyme Weise, christlich ist *(votum implicitum),* jene Rechtfertigung nach sich zieht, um die es in der Taufe geht. Umgekehrt sprechen wir vom »gültigen«, aber »unfruchtbaren« Sakrament; d. h. von einem Sakrament, bei dem auf der Ebene des Zeichens und des »Spenders« alles in Ordnung ist, das aber ohne Gnadenwirkung bleibt, weil der »Empfänger« sich nicht auf die Gnade einläßt.

Bedeutet das alles nun ein Schwäche des Sakraments? Wenn es die Gnade ohne das Sakrament gibt und auch das Sakrament ohne die Gnade, was bringt dann das Sakrament? Nochmals: Wie ist der Zusammenhang zwischen dem Zeichen und der bezeichneten Wirklichkeit zu bestimmen?

Die Bibel verrät kein besonderes Interesse an dieser Frage. Für sie scheint die Zusammengehörigkeit von Glaube und Taufe, Glaube und Eucharistie selbstverständlich zu sein. So kann sie Sakrament und Glaube nebeneinander nennen und dieselbe Wirkung einmal diesem und ein andermal jenem zuschreiben[10]. In der Kirchenväterzeit erweist sich das antike Bild-Denken als hilfreich: Das Urbild ist im Abbild, das Abbild hat teil am Urbild[11].

In der Frühscholastik führt man dann, wie wir sahen, den Begriff der »Ursache« ein. Aber in der Hochscholastik sieht man sich, um die Souveränität Gottes und die Bedeutung des menschlichen Glaubensaktes nicht auszuhöhlen, gezwungen zu differenzieren. *Bonaventura* referiert zwei verschiedene Vorstellungen und favorisiert selbst die folgende: Eigentlich könne man nicht sagen, daß die Sakramente die Gnade bewirkten, sondern nur, daß Gott seine Gnade beim Vollzug der Sakramente schenke. Aufgrund eines Versprechens leiste Gott seinen Beistand, wenn der Mensch sich in Glaube und Gehorsam dem sakramentalen Ritus unterziehe. Demnach wäre der Mensch zwar auf die Sakramente angewiesen; aber diese wären nicht innerlich am Zustandekommen des Gnadengeschehens beteiligt, nicht im strengen Sinn Ursachen, sondern nur Bedingungen der Gnade[12]. *Thomas von Aquin* dagegen möchte am Begriff der Ursache festhalten und führt den Begriff der Instrumentalkausalität ein: Die Sakramente bewirken die Gnade, aber nicht aus sich heraus, sondern als

[10] Vgl. z. B. Mk 16,16. Paulus führt die Gabe des Geistes in 1 Kor 12,13 auf die Taufe, in Gal 3,2 und 14 auf den Glauben zurück. Vgl. auch Gal 3,26 mit Gal 3,27.

[11] Vgl. *A. Gerken,* Theologie der Eucharistie, München 1973, 65–74.

[12] Vgl. *Bonaventura,* In IV. Sent., 1,1,1,4; *J. Finkenzeller,* a.a.O., 199ff.

Werkzeuge in der Hand Gottes[13]. Um zu verstehen, wieso es die Gnade außerhalb der Sakramente geben kann und wieso die Sakramente trotzdem der klassische Weg der Gnade sind, entwickelt man in der Folgezeit einerseits (mehr auf der Linie des Thomas) *die Lehre vom Vorauswirken des Sakraments* (so kann man z. B. erklären, daß schon in der vollkommenen Reue die schwere Sünde vergeben wird und daß doch das – erst später erfolgende – Bußsakrament diese Vergebung bewirkt) und andererseits (mehr auf der Linie des Bonaventura) *die Lehre von den zwei Heilswegen:* dem außersakramentalen, der schwerer zu gehen und unsicherer ist, und dem sakramentalen, der leichter und sicherer und deshalb von Gott geboten ist. (Ein Nachklang dieser Theorie ist z. B. die früher in der Sakramentenkatechese betonte Unterscheidung zwischen vollkommmener Reue, in der alle Sünden getilgt werden, und unvollkommmener Reue, die nur in Einheit mit Beichte und Absolution zur Vergebung führt.)

Gegenüber unseren heutigen Anfragen wird dieses ganze Theorienspektrum nicht unmittelbar weiterhelfen, Bonaventuras Bedingungstheorie wie auch die spätere Zwei-Wege-Lehre klingen zu juridisch; sie appellieren mehr an den Gehorsam als an die Einsicht und werden deshalb angesichts des oben angedeuteten heutigen Gottesverhältnisses wenig überzeugen. Die Lehre von der Instrumentalkausalität birgt die Gefahr eines mechanistischen Sakramentsverständnisses und damit einer Verdinglichung des personalen Geschehens in sich. Aber der Blick auf die umfangreichen Denkbemühungen in der Theologiegeschichte[14] kann uns doch zeigen, daß an dieser Stelle, in der Verhältnisbestimmung von außen und innen, Zeichen und Bezeichnetem der Kern des

[13] *Thomas v. A.,* S.th., III, 64, 1.5. Vgl. *J. Finkenzeller,* a.a.O., 205 ff.
[14] Die Diskussion über die sakramentale Wirkungsweise in der Theologiegeschichte ist bedeutend vielfältiger, als sie hier dargestellt werden kann. Für einen Überblick über die neuzeitlichen Erklärungsversuche vgl. *A. Ganoczy,* Einführung in die katholische Sakramentenlehre, Darmstadt 1979, 26–30. Ausführlicher: *J. Finkenzeller,* Die Lehre von den Sakramenten im allgemeinen. Von der Reformation bis zur Gegenwart (Handburch der Dogmengeschichte, hrsg. v. *M. Schmaus* u. a., IV/1b) Freiburg i. B. 1981, bes. 105–116.

Sakramentsverständnisses berührt wird, daß dieses aber offenbar nicht endgültig auf eine einfache, schlüssige Formel gebracht werden kann und daß es deshalb notwendig und lohnend sein kann, sich mit immer neuen Denkansätzen der Sache zu nähern. Als ein solcher, meiner Meinung nach für unsere heutige Situation brauchbarer, Ansatz sei der folgende vorgestellt.

Sakramente als Gesten

Selbstverständlich erhebt dieser Ansatz weder den Anspruch der Originalität noch den der Exklusivität. Andere Zugänge zum Sakramentsverständnis sind möglich und als Korrektiv wohl auch notwendig; ich versuche nur, den in der Tradition grundlegenden Begriff des Zeichens und einige entsprechende Interpretationen in der gegenwärtigen Theologie zu entfalten und mit den oben genannten gegenwärtigen Erfahrungen zu verbinden.

Realsymbol, realisierendes Zeichen, Geste

Bei *Piet Schoonenberg* und *Theodor Schneider* finden wir die Unterscheidung zwischen dem bloß *informierenden* und dem *realisierenden* Zeichen[15], bei *Karl Rahner* die zwischen *Vertretungssymbol* und *Realsymbol*[16]. Ein Verkehrszeichen z. B., das auf eine Bodenwelle aufmerksam macht, ist ein informierendes Zeichen oder ein Vertretungssymbol. Es informiert den Kraftfahrer über eine Unebenheit der Straße, das Zeichen »vertritt« die auf größere Entfernung sonst nicht so leicht wahrnehmbare Sache. Die Sache existiert aber unabhängig vom Zeichen. In

[15] Für beide vgl. *Th. Schneider,* Zeichen der Nähe Gottes. Grundriß der Sakramententheologie, Mainz 1979, 24 ff.

[16] Vgl. *K. Rahner,* Zur Theologie des Symbols, in: Schriften zur Theologie. Bd. IV, Einsiedeln 1960, 275–311, bes. 279 und 299 f. Für unsere Thematik besonders wichtig ist *K. Rahner,* Personale und sakramentale Frömmigkeit, in: Schriften zur Theologie. Bd. II, Einsiedeln 1955, 115 bis 141.

einem Realsymbol, einem realisierenden Zeichen, dagegen wird die Sache nicht nur von ferne vertreten, es wird nicht nur über sie informiert, sondern sie wird im Vollzug des Zeichens realisiert. Hierher gehört z. B. die Unterschrift unter einen Vertrag oder der Handschlag, mit dem ein Versprechen oder eine Versöhnung besiegelt wird.

Eine ähnliche Unterscheidung ist sinnvoll auf der Ebene des Sprechens. Die bloß *informative Rede* unterrichtet über Wirklichkeit, die *performative Rede* schafft diese Wirklichkeit. Es gäbe gute Gründe, die Sakramententheologie von der Theologie des Wortes und damit vom Begriff des performativen Wortes her aufzubauen. Dies wird im nächsten Kapitel versucht werden. Jetzt aber bleibe ich – im Hinblick auf die oben beschriebene neue Sensibilität für Zeichenhandlungen – beim Begriff des Zeichens und schlage vor, von Sakramenten als »Gesten« zu sprechen.

Beispiele aus der Alltagserfahrung

Man wird leicht verständlich machen können, daß Gesten weder etwas mit Magie zu tun haben noch ein Sonderverhalten darstellen, das ausschließlich im religiösen Bereich vorkäme und dem nicht liturgisch Eingeübten daher absolut fremd wäre. Ich komme z. B. zu einer Tagung, suche unter den noch freien Plätzen mit Bedacht den neben Herrn X aus, dem ich gern etwas näherkommen möchte, setze mich zu ihm, gebe ihm, vielleicht zum ersten Mal, die Hand; Herr X ergreift meine Hand und erwidert den Händedruck; an der Weise, in der er das tut, merke ich: in diesem Augenblick ist etwas zwischen uns neu geworden; in dieser Geste sind Interesse am anderen und ein Stück Verbundenheit gewachsen.

Deutlicher kann man so etwas bei Kindern beobachten, die in der Regel ein stärkeres Gespür für den Zusammenhang zwischen Geste und darin realisierter Sache haben. Andrea wird aufgefordert, dem Thomas, mit dem sie Streit gehabt hat, zum Zeichen dafür, daß sie sich wieder vertragen wollen, die Hand zu geben. Sie zögert, kämpft vielleicht noch mit sich, bringt es eine

Zeitlang nicht fertig, die Hand auszustrecken, weil sie genau weiß, daß sie dann anders zu Thomas stehen wird. Wenn sie ihm schließlich dann doch die Hand gibt, geschieht wirklich etwas; in der Geste wird Versöhnung realisiert.

Gesten dieser Art spielen in zwischenmenschlichen Begegnungen eine große Rolle. Sie kommen in vielerlei Formen vor: Man lädt jemanden zum Essen ein und stiftet dadurch Vertrautheit. Junge Leute tauschen Freundschaftsringe aus; ihre Verbundenheit wird dadurch nicht nur nach außen dokumentiert, sie lebt auch ein Stück von diesem Zeichen. Schon ein kurzer Blick kann Beziehung stiften. Ein Lächeln, zu dem sich einer, der bislang mit unbewegtem Gesicht dasaß, entschließt, kann ihn selbst und sein Verhältnis zu den andern verändern. In diesen Zusammenhang gehören natürlich auch die Zeichen der Liebenden: das Streicheln, der Kuß, die Umarmung.

Für all diese Gesten gilt: Sie haben eigentlich keinen praktischen Zweck, sind nicht »Instrumente«, sondern eher zweckfreies Spiel; sie sind Zeichen für eine wenigstens ansatzweise schon vorhandene Wirklichkeit (Zuneigung, Bereitschaft zur Versöhnung, Wunsch nach Freundschaft ...) und schaffen doch gleichzeitig diese Wirklichkeit, vertiefen sie, machen sie verbindlicher. Sie bewirken etwas, aber nicht magisch-zauberhaft. Sie ersetzen ja nicht das innere Engagement. Im Gegenteil, sie lassen das, was »innen« ist, zum Zuge kommen, indem sie es nach »außen« bringen. Der Mensch als leibhaftige Person verwirklicht sich in solchen Gesten. Wohlgemerkt: er läßt nicht nur nach außen erkennen, was in ihm vorgeht, sondern in dieser Äußerung realisiert er sich selbst. Gesten sind nicht nur informierende Zeichen, bloße Signale, sondern wirksame Zeichen.

Jede personale Beziehung hat die Tendenz, sich zu verleiblichen. Liebende wollen beieinander sein, einander anschauen und berühren, miteinander Verfeindete suchen die Entfernung voneinander. Ja, auch alle innere Geschichte vorher ist schon geprägt von dem leibhaftigen Ausdruck, zu dem sie unterwegs ist.

Auch jede Gruppe braucht, insofern sie Gemeinschaft sein will, solche Gesten: Aufnahmeriten (seien sie durch Tradition festgelegt oder spontan »erfunden«), Feste und Feiern, in denen sie ihre Identität findet und erneuert.

Parallelen beim Sakrament

Damit sind schon viele Elemente angesprochen, die zum Begriff des Sakraments gehören. Sakramente sind ja – im Unterschied zur Realisierung des Glaubens in der praktischen Diakonie – zweckfreie Handlungen; insofern gehören sie in die Kategorie des Spiels. Sie sind Zeichen, Ausdruck einer inneren Wirklichkeit (des Glaubens, der Umkehr, der Versöhnungsbereitschaft, der liebenden Zuwendung, des Sich-Anvertrauens), aber nicht bloß informierendes, sondern realisierendes Zeichen. Wie in Kuß und Umarmung die Liebe wächst, so wachsen im Vollzug des Sakraments Glaube, Hoffnung und Liebe, werden darin ein Stück mehr Wirklichkeit.

Um es in idealtypischer Vereinfachung zu veranschaulichen: Jemand geht zur Feier der Eucharistie, er sucht und findet die Zusammenkunft mit den anderen, setzt sich mit ihnen gemeinsam dem Hören des Evangeliums aus, beteiligt sich an der Danksagung gegenüber Gott, an der Erinnerung unserer Heilsgeschichte und an der Konstitution der Tischgemeinschaft; er teilt mit anderen Brot und Wein. So gibt er seiner Bereitschaft und seinem Verlangen Ausdruck, sich auf die von Jesus Christus gestiftete Gemeinschaft, auf Glaube, Hoffnung und Liebe, auf die Geschichte mit Gott einzulassen, und in all dem geschieht genau dies: Er wird hineingenommen in diese Geschichte und wird dadurch »verwandelt«, wird (stärker) verbunden mit den anderen, (mehr) durchformt von der (in ihm auch schon vorher wirksamen) Liebe Gottes (»Gnade« genannt), die ihn zum glaubenden und liebenden Menschen macht.

Manchmal ist solche Verwandlung auch unmittelbar erfahrbar: Man verhält sich nach der gemeinsamen Feier anders zueinander als vorher. Manchmal wird gerade die Versöhnung stiftende Kraft dieser Feier spürbar.

Wie alle Gesten nicht nur Ausdruck der individuellen Verfaßtheit des einzelnen, sondern grundsätzlich als Äußerung gegenüber anderen angelegt sind (es gibt zwar Ausnahmen: man kann auch, wenn niemand anwesend ist, sehnsüchtig die Hände ausstrecken oder wütend auf den Tisch schlagen; aber solche Gesten empfinden wir, ähnlich wie Selbstgespräche, doch eher als hilflos, als Ersatz für eine jetzt nicht mögliche Kommunikation), so sind Sakramente, im Unterschied etwa zum einsamen Gebet, nie Akte eines einzelnen, sondern immer Handlungen zwischen Menschen, Zeichen der Begegnung, der Zuwendung, der Bemühung umeinander. Und wie sich Gemeinschaft in Gesten (Feiern, Riten) konstituiert und erneuert, so lebt auch Kirche vom Vollzug dieser Zeichen. Denn was wir vorhin stark aus der Perspektive des einzelnen bedacht haben, das gilt auch für die Kirche als Gemeinschaft. Im Hören, Danken, Miteinander-Teilen stellt sie sich selbst dar, und gleichzeitig findet und erneuert sie sich darin. Sakramente sind »Selbstvollzüge der Kirche«[17].

Aber die Sakramente wirken nicht magisch. Sie sollen und können nicht das persönliche Engagement, Glaube, Hoffnung und Liebe ersetzen. Sie zwingen nicht Gottes Gnade herbei. Bei aller grundsätzlichen Zusammengehörigkeit und gegenseitigen Abhängigkeit von innen und außen, Zeichen und Sache sind doch Differenzen möglich. Auch dies kann man am Beispiel von Gesten in profanen Zusammenhängen veranschaulichen. Es gibt leere Gesten, die nichts bewirken, sei es, weil sie allzu flüchtig und routinemäßig vollzogen werden (wie manche Begrüßungsformen), sei es, weil die Handelnden die in den Gesten dargestellte Wirklichkeit innerlich gar nicht wollen (wie z. B. der unter Umständen sehr feierliche und mit Rücksicht auf die Kameraleute sehr lang anhaltende Händedruck zwischen zwei Staatsmännern, die sich als Gegner betrachten, aber nach außen den Eindruck von Freundschaft vortäuschen möchten). So gibt es auch das rituell korrekte, aber »unfruchtbare« Sakrament. Es bewirkt nichts, weil dem äußeren Zeichen im »Empfänger« keine

---

[17] *K. Rahner,* Kirche und Sakramente, Freiburg i. B. 1960, 68.

innere Wirklichkeit entspricht. Deshalb garantiert die häufige Teilnahme an den Sakramenten für sich allein noch nicht eine Existenz in Glaube und Gnade. Und wie umgekehrt auch da, wo die Zeichen der Liebe nicht gesetzt werden können (z. B. im Fall der durch Krieg getrennten Eheleute), doch wahre Liebe bestehen kann, so kann es auch gnadenhafte Verbundenheit mit Gott, Glaube und Liebe geben, die nicht ihren Ausdruck im Sakrament gefunden haben.

Aber beide Fälle haben doch etwas Unbefriedigendes. Die leere Geste empfinden wir als unwahrhaftig, als etwas ethisch Minderwertiges, die Trennung der Liebenden als eine Notsituation. Beides sollte nicht so sein; personale Wirklichkeit und äußeres Zeichen sollten sich entsprechen. Die Getrennten werden versuchen, mit allen möglichen Mitteln die Trennung zu überwinden und wenigstens in kleinen Zeichen (Brief, Paket, Foto . . .) ihrer Verbundenheit Ausdruck zu geben; ohne alle Zeichen würde ihre Liebe abstrakter und schwieriger.

So ist die Tatsache, daß es das Sakrament auch ohne Glaube und ohne Gnade und umgekehrt Glaube und Gnade und ohne das Sakrament geben kann, kein Argument gegen die Überzeugung, daß beide Größen grundsätzlich aufeinander verwiesen sind.

Konsequenzen für die Praxis

Nur kurz seien einige pastoraltheologische bzw. religionspädagogische Konsequenzen angedeutet.

(1) Wenn es richtig ist, daß erstens für viele heute der Weg des Glaubens über Erfahrungen im Zwischenmenschlichen läuft, daß zweitens die Fähigkeit, sich in Gesten mitzuteilen, viel zum Gelingen solcher Erfahrungen beiträgt und daß drittens die kirchlichen Sakramente als solche Gesten verstanden werden können, dann lohnt es sich in mehrfacher Hinsicht, einige Mühe auf die Kultur von Zeichenhandlungen zu verwenden. Daß z. B. gegenwärtig in der Kommunion-Katechese das Erlebnis der kleinen

Gruppe, das gemeinsame Essen, Trinken und Spielen größere Bedeutung gewonnen hat, liegt auf dieser Linie und verdient Unterstützung. Es handelt sich dabei eben nicht nur um Werbungsmaßnahmen, denen man auf Kosten der eigentlich wesentlichen Unterrichtung notgedrungen einigen Raum zugesteht, sondern um Einübung in eine sakramentale Praxis, die gleichzeitig Einübung in den Glauben und in das Menschsein überhaupt ist.

(2) Für die Gestaltung der sakramentalen Feier selbst ergibt sich aus dem Gesagten: Das Sakrament sollte auch als Zeichen der Kommunikation erkennbar sein. Gerade heute, da es für viele um ein fast ganz neues Erlernen der elementarsten Dinge des Glaubens geht, sollten wir zusehen, daß die primären Zeichen (der Tisch, die versammelte Runde, das Brechen des Brotes) deutlich hervorgehoben und nicht durch allerhand an sich auch berechtigte und ehrwürdige, aber sekundäre liturgische Riten überdeckt werden.

Und: wir sollten die das Sakrament Feiernden nicht nur als Objekte seelsorglicher Betreuung und als passive »Empfänger« behandeln, sondern sie als Subjekte der Feier ernst nehmen und sie auch entsprechend agieren lassen. Das wird praktisch bedeuten, daß die Feier mehr, als bisher gewohnt, durch die persönliche Note der jeweils Anwesenden bestimmt wird, und das schließt auch ein, daß mehr Spontaneität zugelassen wird[18].

Grenzen dieser Konzeption

Zur rechten Einordnung der hier vorgetragenen Konzeption sei aber auch auf ihre Grenzen hingewiesen.

(1) Das Wort »Geste« wurde gewählt, weil es meiner Meinung

---

[18] Vgl. das ganze Heft 2 von Concilium 19 (1983), Thema: Liturgie als schöpferische Tradition, darin bes. S. 159–165: *J. Aldazábal*, Die Liturgie muß von den Jugendlichen lernen.

nach besonders nahe an heute gemachte Erfahrungen heranführen kann. Gesten, wie die des Teilens oder der Umarmung zum Friedensgruß dürften das Ineinander von »Information« und »Realisierung«, von »Zeichen« und »Ursache« fast unmittelbar erlebbar und leicht reflektierbar machen. Gegenüber Begriffen wie »Realsymbol«, »realisierendes Zeichen« hat das Wort »Geste« den Vorteil, kein Fremdwort zu sein. Aber man braucht selbstverständlich nicht an diesem Wort zu kleben. Nicht alle oben genannten Zeichenhandlungen können als Gesten bezeichnet werden. Der Begriff der Zeichenhandlung ist weiter als der der Geste. Der letztere kann als Einstieg dienen, soll aber nicht ein alle Elemente des Sakramentes erfassender Begriff sein.

(2) Erst recht ersetzt das hier Vorgetragene nicht eine Definition von Sakrament. Nicht alle Gesten oder gar alle Zeichenhandlungen sind mit dem Begriff Sakrament gemeint. Es müßten also, wenn man zu einer Definition kommen will, weitere spezifizierende Merkmale genannt werden. Dazu könnten gehören

– *die ausdrückliche Artikulation der theologischen Dimension* dieser Zeichenhandlung (im Gegensatz zu anderen zwischenmenschlichen Gesten der Liebe, die ebenfalls als Ereignisse der Nähe Gottes verstanden werden können, bei denen dies aber nicht explizit verdeutlicht wird),

– *die geschichtlich gewordene Praxis der Kirche,* für welche gerade diese Zeichenhandlungen zu klassischen Feiern ihres Selbstvollzugs geworden sind (im Unterschied zu anderen Zeichenhandlungen, die ebenfalls als wirksame Zeichen der Gnade verstanden werden können und die dies auch explizit zum Ausdruck bringen, die aber eben nicht zu solchen zentralen Verdichtungen kirchlichen Lebens geworden sind, wie etwa die Fußwaschung oder die Feier einer Ordensprofeß),

– das besondere Gewicht, das die sakramentalen Zeichen eben dadurch haben, daß sich die Kirche in ihren *klassischen Selbstvollzügen* gleichsam in besonderer Weise sammelt und engagiert, so daß die für jede Zusammenkunft im Namen Christi geltende

Zusage seiner wirksamen Gegenwart (vgl. Mt 18,20) hier besonders eindeutig wird[19].

Man müßte die in der Theologie geläufige Unterscheidung zwischen »Sakrament« und »Sakramentalien« sowie den in der theologischen Tradition das Sakrament spezifizierenden Begriff der Wirksamkeit *ex opere operato* und schließlich auch das Element der »Einsetzung durch Jesus Christus« bedenken und mit den eben angedeuteten Momenten in Beziehung bringen. Wenn das alles hier nicht geschieht, dann nicht nur deshalb, weil jede dieser begrifflichen Bemühungen in sich nochmals neu zu reflektierende Probleme enthält, sondern vor allem deshalb, weil der zur Schärfung von Begriffen zweifellos unverzichtbare Weg der Definition, der Abgrenzung von anderem, auch seine großen Nachteile hat, wenn es um das erste Erfassen einer Wirklichkeit geht. Wer »definiert«, schaut notgedrungen auf die Ränder und lenkt damit möglicherweise den Blick vom Zentrum der gemeinten Wirklichkeit ab. Ein typisches Beispiel dafür dürfte die Betonung des Begriffs »ex opere operato« sein, welcher von der Erfassung eines extremen Ausnahmefalls (des unwürdigen Spenders) zum Grundnenner des katholischen Sakramentenverständnisses zu werden drohte.

(3) Schließlich seien zwei Gefahren für die pastorale Praxis angesprochen:

(a) Längst nicht alle Menschen von heute (ebensowenig alle jüngeren) haben ein solch positives Verhältnis zu Zeichenhandlungen, wie ich es im 1. Teil illustriert habe. Es wäre natürlich unberechtigt, was für einen Teil der jüngeren Zeitgenossen typisch ist und für sie als Zugang zum Glauben hilfreich sein kann, gewissermaßen für alle obligatorisch zu machen und diejenigen, die allen zeichenhaften Äußerungen (und vielleicht auch aller stimmungshaften Wahrnehmung) eher skeptisch gegenüberstehen bzw. die mit solchen Äußerungen für ihre Person sehr sparsam umgehen, als zu wenig glaubensbereit zu disqualifizieren. Daß ein Weg ein guter und

---

[19] Vgl. hierzu auch unten S. 55.

wirksamer Zugang zum Glauben ist, heißt nicht, daß er der einzige wäre.

(b) Wenn hier so betont von der Selbsterfahrung des einzelnen in der Begegnung mit anderen und von der Zusammenkunft von Menschen als dem Ort der Begegnung mit Gott die Rede war, dann darf das natürlich nicht dazu verleiten, daß die Zusammenkunft verabsolutiert wird, daß also die Gruppe, die Gemeinde oder auch die Kirche im Großen nur noch sich selbst feiert. Das Ziel des hier angedeuteten Glaubensweges ist ja nicht das rauschhafte Aufgehen im Erlebnis zwischenmenschlicher Gemeinschaft (und sei diese noch so religiös gefärbt), sondern die wachsende Offenheit für den Gott Jesu Christi, der auf diesem Weg uns nahe kommt, mit dem aber auch die christliche Gemeinde (die Kirche) sich nie identifizieren darf, nach dem sie vielmehr immer neu Ausschau halten, von dem her sie sich immer auch korrigieren lassen muß.

Diese Einschränkungen sprechen aber nicht gegen die hier vorgetragenen Gedanken *(abusus non tollit usum!);* sie sollen nur deren (selbstverständlich begrenzten) Stellenwert aufzeigen.

Wirklichkeit schaffendes Wort

Man kann einen Zugang zum Sakramentsverständnis gewinnen, indem man die Bedeutung von Zeichenhandlungen, von Gesten reflektiert. Das geschah im vorangehenden Kapitel. Wir richteten unsere Aufmerksamkeit vor allem auf das, was in nonverbaler Kommunikation (in einer Mitteilung auf nicht worthafte Weise) geschieht. Dieser Aspekt von Sakrament schien mir wichtig und in doppeltem Sinne aktuell, einerseits als Korrektiv an der gegenwärtigen Tendenz zur »Verwortung« der Liturgie, andererseits als positive Anknüpfung an einen neu aufgebrochenen Sinn für Zeichenhandlungen, besonders in der jüngeren Generation. Aber dieser Aspekt muß durch einen anderen ergänzt werden: durch eine Besinnung auf die Bedeutung des *Wortes*.

Einseitigkeiten

Sonst entstünde leicht der Eindruck, für katholische Theologie spiele im sakramentalen Geschehen oder gar in der Glaubensexistenz überhaupt das Wort keine entscheidende Rolle. Damit würde ein altes konfessionelles Klischee bestätigt: »Wort« und »Sakrament« seien Gegensätze. Worthafte oder sakramentale Existenz, das seien zwei miteinander konkurrierende Interpretationen des Christentums, vertreten durch die beiden großen Konfessionen. Die evangelische Kirche sei die »Kirche des Wortes«, die katholische die »Kirche der Sakramente«; zwischen diesen beiden müsse man sich entscheiden.
Nun hat man zwar sowohl in der evangelischen als auch in der

katholischen Theologie der Gegenwart [1] erkannt, daß diese
Gegenüberstellung von keiner Seite aus haltbar ist, und das

[1] Vgl. z. B. *Gerhard Ebeling* (ev.): »Die geläufige Formel ›Wort und
Sakrament‹ ist als Nebeneinanderordnung zweier Größen theologisch nur
bedingt brauchbar. [. . .] Das Sakrament ist vielmehr selbst Wort Gottes,
in gewisser Hinsicht sogar in dichtester Darbietung« (Dogmatik des
christlichen Glaubens, Bd. III, Tübingen 1979, 296), mit *Karl Rahner*
(kath.): »Eine [. . .] Theologie des Wortes könnte durchaus die Grundlage
einer Sakramententheologie werden, in der das Sakrament als die höchste
menschliche und kirchliche Stufe des Wortes überhaupt erscheint« (Was
ist ein Sakrament?, in: *ders.*, Schriften zur Theologie, Bd. X, Zürich
1972, 377–391, hier 379).
Aus der großen Zahl von neueren theologischen Bemühungen um eine
Verhältnisbestimmung von Wort und Sakrament in kontroverstheologi-
scher bzw. ökumenischer Absicht seien außerdem besonders genannt: *V.
Warnach,* Wort und Sakrament im Aufbau der christlichen Existenz, in:
Th. Bogler (Hrsg.), Schöpfergeist und Neuschöpfung (Liturgie und
Mönchtum. Laacher Hefte, Hefte XX), Maria Laach 1957, 68–90; *L.
Bouyer,* Wort – Kirche – Sakrament in evangelischer und katholischer
Sicht, Mainz 1961; *G. Ebeling,* Worthafte und sakramentale Existenz, in:
ders., Wort Gottes und Tradition, Göttingen 1964, 197–216; *H. Fries*
(Hrsg.), Wort und Sakrament, München 1966 (darin bes. d. gleichnamige
Artikel von *H. Fries:* 7–24); *L. Scheffczyk,* Von der Heilsmacht des
Wortes. Grundzüge einer Theologie des Wortes, München 1966; *W.
Kasper,* Wort und Sarkament, in: ders., Glaube und Geschichte, Mainz
1970, 285–310; *E. Jüngel/K. Rahner,* Was ist ein Sakrament? Vorstöße
zur Verständigung, Freiburg i. B. 1971; *H. J. Weber,* Wort und Sakrament. Diskussionsstand und Anregung zu einer Neuinterpretation, in:
Münchener Theologische Zeitschrift 23 (1972) 241–274; *M. Raske,*
Sakrament, Glaube, Liebe. Gerhard Ebelings Sakramentsverständnis –
eine Herausforderung an die katholische Theologie, Essen 1973; *R.
Schulte,* Die Wort-Sakrament-Problematik in der evangelischen und
katholischen Theologie, in: *J. Pfammater/F. Furger* (Hrsg.), Theologische Berichte, Bd. 6, Zürich 1977, 81–122; *A. Schilson,* Das Sakrament
als Problem protestantischer Theologie. Eine ökumenische Lagebeschrei-
bung, in: Herder-Korrespondenz 34 (1980) 133–138. Einen guten Überblick über die unterschiedlichen Akzente in der katholischen Theologie
seit dem Zweiten Vatikanischen Konzil (und noch etwas dahinter zurück-
greifend) bietet *Dietmar Schneider,* Wort und Sakrament in der gegenwärtigen katholischen Theologie (unveröffentlichtes Manuskript: Staatsex-
amensarbeit an der Universität Duisburg), 1982. Vgl. auch die unten in
den Anm. 24–27 genannten Titel.

Zweite Vatikanische Konzil hat, wie unten noch gezeigt werden soll, auch kirchenamtlich zu ihrer Überwindung beigetragen[2]; aber restlos aufgearbeitet scheinen die konfessionellen Einseitigkeiten der Vergangenheit auch heute noch nicht zu sein, weder in der Theologie, noch in der kirchlichen Praxis, noch im Bewußtsein der Gläubigen, das sich bekanntlich ungleichzeitig weiterentwickelt[3]. Da eine jahrhundertelange Tradition, auch wenn man inzwischen gedanklich und praktisch ein Stück weitergekommen ist, doch noch ein starkes Eigengewicht behält, ist es zum Verstehen der gegenwärtigen Situation nützlich, sich einige Elemente dieser Tradition in Erinnerung zu rufen.

Hierzu gehört auf katholischer Seite, daß man innerhalb der Eucharistiefeier deutlich abzustufen pflegte: Was heute »Wortgottesdienst« genannt wird, hieß noch vor zwanzig Jahren »Vormesse«[4], die eigentliche »Opfermesse« mit den drei »Hauptteilen« (»Opferung«, »Wandlung«, »Kommunion«) begann erst danach. Wer die »Vormesse« versäumte, aber zu den »Hauptteilen« anwesend war, hatte seine Sonntagspflicht, wenn auch nicht ganz vollkommen, so doch wenigstens minimal erfüllt[5]. Ferner: Die lateinische Sprache und der Umstand,

---

[2] Vgl. außerdem auch: *Gemeinsame römisch-katholische evangelisch-lutherische Kommission,* Das Herrenmahl, Paderborn/Frankfurt a. M. 1978, darin bes. den Exkurs von *Harding Meyer:* Eucharistie – Wort – Verkündigung, S. 90 ff.

[3] Vgl. *A. Schilson,* a.a.O., 133: »Die Gegenüberstellung einer (katholischen) ›Kirche der Sakramente‹ und einer (evangelischen) ›Kirche des Wortes‹ hat trotz mannigfacher Differenzierung und bei aller Mißverständlichkeit ihre Gültigkeit kaum verloren.«

[4] So z. B. in den vorkonziliaren Ausgaben des Schott-Meßbuchs, aber auch bei einem für die liturgische Erneuerung so bedeutsamen Theologen wie *Josef Andreas Jungmann:* Der Gottesdienst der Kirche, Innsbruck 1962, 117.

[5] Vgl. z. B. *H. Jone,* Katholische Moraltheologie, Paderborn [12]1940, 157: Wer »der heiligen Wandlung nicht beiwohnt«, erfüllt das Sonntagsgebot nicht und sündigt schwer. Dagegen begeht nur eine läßliche Sünde, »wer einen unbedeutenden Teil freiwillig versäumt, z. B. von Beginn bis zur Opferung einschließlich«.

daß ein großer Teil der Worte vom Priester nur leise gesprochen wurde, ließen kaum die Erfahrung zu, daß hier Verkündigung, Mitteilung im Wort geschehen; alle Worte (bis auf die Predigt, die aber auch ausfallen konnte) schienen nur den Charakter heiligender Gebete zu haben; nicht das Hören und Verstehen schien wichtig, sondern nur, *daß* sie gesprochen wurden.

Dies galt besonders für das Hochgebet mit dem Einsetzungsbericht. Der doppelte Schleier, hinter dem man seit dem Frühmittelalter das Geheimnis zu bewahren suchte (fremde Sprache, dazu noch leise gesprochen), ließ die Worte vom Abendmahl Jesu nicht mehr als dankendes Erzählen erkennen. So sprach man dann ja auch nicht vom »Einsetzungsbericht«, sondern von den »Konsekrationsworten«. Und wenn sich vom Hochmittelalter an das Interesse immer mehr auf das Anschauen der konsekrierten Hostie (Elevation der Hostie, Wandlungsläuten, Monstranzenfrömmigkeit) konzentrierte, dann hatte das Eucharistieverständnis sich gegenüber der alten Kirche (und auch gegenüber dem, was die erneuerte Liturgietheologie der Gegenwart betont) in zwei wesentlichen Punkten verändert: Gegenüber der schauenden Anbetung war nicht nur der Mahlcharakter der Eucharistie, sondern auch ihr Verkündigungscharakter in den Hintergrund getreten.

Reformation und Gegenreformation brachten die Dinge nicht wieder zueinander. Im Gegenteil: Während die katholische Kirche die Legitimität der überkommenen Praxis zu sichern versuchte[6], setzte sich in der evangelischen Kirche die Betonung der Wortverkündigung so stark durch, daß demgegenüber die Feier des Abendmahles selten wurde. So konstatiert der evangelische Dogmatiker *Gerhard Ebeling* für die Gegenwart eine »weitverbreitete empfindungsmäßige Verlegenheit den Sakramenten gegenüber [. . .] Das Abendmahl [. . .] erscheint als etwas Exklusives, an dem teilzunehmen sich viele scheuen, sei es um der eigenen Unwürdigkeit willen, sei es wegen des Unverstandes

---

[6] Vgl. die Lehraussagen des Konzils von Trient: NR 602; 605; 614 (DS 1746; 1749; 1759).

gegenüber dieser Feier, den man ihr als Unverständlichkeit zur Last legt.«[7]

Heute, da evangelische und katholische Theologie sich nicht mehr so stark, wie es lange Zeit üblich war, durch Abgrenzung voneinander definieren, sondern eher damit rechnen, im ökumenischen Dialog voneinander lernen zu können, kommen gesunkene Traditionsgüter wieder zum Vorschein: das vernachlässigte Sakrament in der evangelischen Kirche, die vergessene Wahrheit von der Wirkmächtigkeit des Wortes in der katholischen. Vielleicht können die folgenden Ausführungen ein klein wenig dazu beitragen.

Unterschiedliches Verhältnis zur Sprache

Damit diese aber nicht von vornherein am Menschen von heute vorbeigehen, möchte ich kurz einige Beobachtungen ansprechen, die für unser heutiges Verhältnis zum Wort, wenigstens teilweise, charakteristisch sein dürften.

Viele, besonders jüngere Gottesdienstbesucher stört, daß in der Liturgie sich immer wieder dieselben Worte wiederholen. Man kennt sie schon mehr oder weniger auswendig. Also, meint mancher, gibt mir die Feier nichts; ich höre ja nur, was mir schon bekannt ist. Natürlich kann in solchen Äußerungen berechtigte Kritik an der Einfallslosigkeit mancher Predigt und mancher Liturgiegestaltung liegen; aber vielleicht steckt auch noch etwas anderes dahinter: die Vorstellung, Worte hätten eigentlich nur Informationswert, sie seien so nützlich, wie sie neue Erkenntnisse vermitteln, und in dem Maße überflüssig, wie sie das nicht tun.

Diese Einschätzung des Wortes hängt sicher auch mit unserer allgemeinen Kommunikationsstruktur zusammen, mit dem weitgehenden Ausfall des ruhigen zweckfreien Gesprächs am Feierabend, mit der Gewöhnung an den Computer und seine »Spra-

[7] G. *Ebeling,* Dogmatik, Bd. III (vgl. Anm. 1), 295.

che« und z. B. auch damit, daß der sorgfältig geschriebene (und ebenso sorgfältig gelesene und aufbewahrte) Brief weitgehend abgelöst ist vom schnellen Telefonanruf. Auch die in den sechziger und siebziger Jahren nachdrücklich erhobene Forderung, alles Handeln müsse rational bestimmt und zweckgerichtet sein, trug sicher zu der Vorstellung bei, die Bedeutung des gesprochenen (oder geschriebenen) Wortes liege einzig darin, Informationen zu transportieren. In diesem Sinne hatte sich mancher aufgeklärte Zeitgenosse *Hans Magnus Enzensbergers* Verse zu eigen gemacht: »Lies keine Oden, mein Sohn, lies die Fahrpläne: sie sind genauer«[8].

Auf der anderen Seite scheint es gegenwärtig eine neue Sensibilität dafür zu geben, daß Sprache auch noch andere Dimensionen hat. Bei jungen Leuten wächst z. B. die Lust, Gedichte zu schreiben. Auffällig ist auch eine neue Tonart in manchen auf unsere Häuserwände gesprühten Graffiti. In meiner Straße steht seit etlichen Monaten auf einer Wand, dem Portal des Gymnasiums gegenüber: »Hallo, Anne, have a nice day!« Auf dem stählernen Trägerband einer Duisburger Hafenbrücke, über die sich täglich ein dichter Berufsverkehr ergießt, las ich im Vorbeifahren: »Guten Morgen, Helga, ich hab dich lieb.« Ein in meinem Auto mitfahrender Student, der ansonsten nicht gerade einen sentimentalen Eindruck macht, fand das eine ausgesprochen schöne Idee (nicht nur, weil zufällig auch seine Freundin »Helga« heißt): Er stellte sich vor, wie die hier konkret gemeinte Helga jeden Morgen auf dem Weg zu ihrer Arbeit den Spruch sieht und wie sich dadurch für sie der Tag schon ein bißchen verwandelt. Vergleicht man solche neuerdings vermehrt anzutreffenden Wandsprüche mit denen der letzten (natürlich auch heute noch präsenten) Graffiti-Generation, dann wird der Wandel deutlich, nicht nur im Inhalt – neben Politparolen wird nun

---

[8] *H. M. Enzensberger,* Ins Lesebuch für die Oberstufe, in: *ders.,* Verteidigung der Wölfe. Gedichte, Frankfurt a. M. 1957, hier zitiert nach *H. M. Enzensberger,* Die Gedichte, Frankfurt a. M. 1983, 81. (Aus dem Text des Gedichtes selbst läßt sich allerdings das o. g. Sprachverständnis nicht unbedingt ableiten.)

Zärtlichkeit artikuliert –, sondern auch in der Funktion: Neben zweckgerichteten Aufrufen zum Handeln erscheinen zweckfreie (aber deswegen noch längst nicht nichtssagende und wirkungslose) Worte.

Fragen

Vor diesem Hintergrund wollen wir die theologische Bedeutung des Wortes bedenken. Welche Funktion können, *anthropologisch* gesehen, Worte im Geschehen zwischenmenschlicher Kommunikation haben? Besonders: welche Funktion über den reinen Nachrichtenwert hinaus? Was geschieht beim Aussprechen und Anhören von Worten, deren Informationswert gering oder gleich null ist, in denen aber der Sprechende sich stark engagiert und die den Hörenden betroffen machen?

Was kann katholische *Theologie* sagen über das Geschehen bei der Wortverkündigung? Wenn, wie es die evangelische Theologie seit langem betont, das verkündete Wort die Wirklichkeit schafft, die es aussagt (und nicht nur darüber informiert) – eine Formulierung, die man katholischerseits eher aus der Sakramententheologie kennt: die Sakramente bewirken, was sie anzeigen –, wie ist dann das Verhältnis zwischen Wort und Sakrament zu bestimmen? Welche Gewichte haben in der Kirche die Verkündigung des Wortes einerseits und die Feier der Sakramente andererseits? Und wie ist die Funktion des Wortes *innerhalb* der sakramentalen Feier zu bestimmen? Zu jedem Sakrament gehört ja neben dem sichtbaren Element (z. B. das Wasser) und der sichtbaren Zeichenhandlung (z. B. das Übergießen) auch das hörbare Wort (z. B. die trinitarische Taufformel). Bei zwei Sakramenten (Buße und Ehe) rechnet die katholische Dogmatik sogar die zeichenhaft sichtbaren Riten (Handauflegung, Ringtausch o. ä.) nicht zum notwendigen, für die Gültigkeit erforderlichen Kern des Sakraments. Besteht also das wirkmächtige sakramentale Zeichen vor allem im Wort?

Schließlich – das wäre für unsere Suche nach Zugängen zur Sakramententheologie natürlich besonders interessant –: Läßt sich von dem her, was wir anthropologisch über die Funktionen des Wortes sagen können, die theologische Bedeutung des Wortgeschehens erhellen?

Blick in die Bibel

Von der Bibel her läge eine Theologie des Wortes eigentlich näher als eine Theologie des Sakramentes. Den Begriff des Sakraments in unserem Sinne (also eine Vokabel, die sieben ganz bestimmte kirchliche Vollzüge, und nur diese bezeichnen würde) kennt ja die Bibel, auch das Neue Testament, noch nicht, dementsprechend auch keine Definition oder ähnliche Aussagen, die exakt auf diese sieben Vollzüge und nur auf sie passen würden. Auch die Kirchenväter kommen ohne einen eindeutigen Sakramentsbegriff aus. Allgemeine Sakramententheologie, also eine systematische Theorie, in der man diese sieben kirchlichen Handlungen von allen anderen abgrenzt, »definiert«, den in ihnen gegebenen grundsätzlichen Zusammenhang zwischen Zeichen und Wirkung und andere, allen Sakramenten gemeinsame Züge bedenkt, gibt es bekanntlich erst seit dem 12. Jahrhundert[9].

Dagegen bietet die Bibel einen reichen Befund für eine Theologie des Wortes. Ja, gerade das, was in der katholischen Lehrtradition als Grundaussage über das Wesen des Sakraments gilt, nämlich daß es bewirke, was es bezeichnet, das wird in der Schrift deutlich vom Wort ausgesagt, sowohl vom Wort Gottes als auch von den menschlichen Worten, in denen das Wort Gottes sich zur

---

[9] Für den theologiegeschichtlichen Teil vgl. v. a. *J. Finkenzeller,* Die Lehre von den Sakramenten im allgemeinen. Von der Schrift bis zur Scholastik, Freiburg i. B. 1980; *ders.,* Die Lehre von den Sakramenten im allgemeinen. Von der Reformation bis zur Gegenwart, Freiburg i. B. 1981 (= Handbuch der Dogmengeschichte, hrsg. v. *M. Schmaus* u. a., Bd. IV, Faszikel 1a und 1b).

Sprache bringt. Gottes Wort ist schöpferisches Wort. »In seinem Lautwerden geschieht, was er gesprochen, kommt zustande, was er befohlen«, so formuliert es *Heinrich Schlier*[10]. (vgl. z. B. Gen 1; Jes 48,13; Ps 33,9; Röm 4,17.) Es ist beziehungsstiftendes Wort: mit dem Wort vom Sinai stiftet Jahwe seinen Bund mit Israel (vgl. z. B. Ex 19f., bes. 19,3; 20,22). Das Wort trifft Menschen, verändert sie, überwältigt Widerstrebende, so daß sie Prophet sein »müssen« (vgl. z. B. Jer 1,1–9; Ez 2,1–3,3). Das Prophetenwort hat teil an der verändernden, Wirklichkeit schaffenden Kraft des Gotteswortes: »Wie der Regen und der Schnee vom Himmel fällt und nicht dorthin zurückkehrt, sondern die Erde tränkt und sie zum Keimen und Sprossen bringt [. . .], so ist es auch mit dem Wort [. . .]: Es kehrt nicht zu mir zurück, sondern bewirkt, was es will, und erreicht all das, wozu ich es ausgesandt habe.« (Jes 55,10f.) Auch das Verkündigen des Evangeliums ist mehr als nur das Überbringen einer guten Nachricht. So wie ein von Stadt zu Stadt ziehender Herold einen kaiserlichen Erlaß ausruft und ihn damit zugleich in Kraft setzt, so schafft das verkündigte Wort neue Wirklichkeit. Im Wort »wird das, wovon es spricht, präsent«[11].

Allerdings kann dieser Schriftbefund kein Grund sein, die (in der Schrift betonte) Wirksamkeit des Wortes gegen die (in der späteren katholischen Theologie betonte) Wirksamkeit des Sakramentes auszuspielen. Wenn Paulus z. B. schreibt: »Sooft ihr von diesem Brot eßt und aus diesem Kelch trinkt, verkündet ihr den Tod des Herrn« (1 Kor 11,26), dann steht ja gerade nicht Verkündigung gegen zeichenhaftes Handeln, sondern die Zeichenhandlung selbst (das »Essen von diesem Brot« und »Trinken aus diesem Kelch«) *ist* Verkündigung. Nicht nur das Wort, sondern auch das Sakrament ist Verkündigung – und damit

---

[10] *H. Schlier,* Wort. Biblisch, in: Handbuch Theologischer Grundbegriffe, hrsg. v. *H. Fries,* Bd. II, München 1963, 845–867, hier 846. Vgl. auch *H. Schlier,* Die Verkündigung im Gottesdienst der Kirche, in: ders., Die Zeit der Kirche, Freiburg i. B. ²1958, 244–264; *ders.,* Wort Gottes. Eine neutestamentliche Besinnung, Würzburg 1958.

[11] *H. Schlier,* Wort, 863.

Gegenwärtigmachen, Inkraftsetzen der verkündigten (dargestellten) Wirklichkeit.

Und wenn im Johannesprolog (Joh 1,1–14) Jesus als das fleischgewordene Wort vorgestellt wird, dann könnte das darauf verweisen, daß es eine dem gesprochenen Wort und der sakramentalen Zeichenhandlung vorausliegende eine Wirklichkeit gibt, die sich in Wort und Zeichen entfaltet. In diesem Jesus, nicht nur in dem, was er sagt, sondern in seiner ganzen Person offenbart sich Gott, teilt er sich mit, macht er sich präsent. Gott »spricht« in der Zeichen- und Wort-Sprache dieses Jesus, in seinen Gesten, dem Verteilen des Brotes (vgl. Joh 6,11), der heilenden Berührung des Blinden (vgl. Joh 9,6) ebenso wie in seinem die Menschen verwandelnden Wort (vgl. Joh 3,34; 15,3). Er, der das Wort Gottes ist, ist das »Ur-Sakrament«[12]. Jedenfalls wären von der Schrift her Wort und Sakrament in sehr engem Zusammenhang zu sehen.

[12] Der vor allem durch *Otto Semmelroth* in die katholische Theologie eingeführte Begriff »Ursakrament« wurde in der Vergangenheit nicht ganz einheitlich verstanden. Semmelroth bezeichnete zunächst die *Kirche* als Ursakrament: Sie ist *das* wirksame Heilszeichen; die einzelnen Sakramente sind nichts anderes als Ausformungen des Ursakraments Kirche. Später ging man noch einen Schritt weiter zurück und übertrug den Begriff »Ursakrament« auf *Jesus Christus:* Das, was für die einzelnen Sakramente charakteristisch ist, nämlich Gottes Gnade darzustellen und gleichzeitig gegenwärtig zu machen, das ist in vollkommener Weise in Christus verwirklicht, erst davon abgeleitet in der Kirche und, nochmals davon abgeleitet, in ihren Sakramenten. So spricht man heute vorwiegend von Christus als dem »Ursakrament« und der Kirche als dem »Wurzelsakrament« (oder auch »Grundsakrament«). Vgl. *O. Semmelroth,* Die Kirche als Ursakrament, Frankfurt a. M. 1953; *ders.,* Die Kirche als Sakrament des Heils, in: Mysterium Salutis, hrsg. v. *J. Feiner* u. *M. Löhrer,* Bd. IV/1, Einsiedeln 1972, 309–356, bes. 318 f.; *Th. Schneider,* Zeichen der Nähe Gottes. Grundriß der Sakramententheologie, Mainz 1979, 36–45.

Blick in die Theologiegeschichte

Wie dieser Zusammenhang formuliert werden könnte, darüber denkt man später nach, als man systematisch Sakramententheologie zu betreiben beginnt, also in der Scholastik des 12. und 13. Jahrhunderts[13].

Augustinus hatte vom Sakrament als *verbum visibile* gesprochen: das Sakrament ist nichts anderes als sichtbar dargestelltes Wort. Die Wirksamkeit des Sakramentes ist in der Wirksamkeit des Wortes begründet[14].

Die scholastische Theologie dagegen erweckt zunächst den Eindruck, als spiele in ihr die Idee des wirksamen Wortes überhaupt keine Rolle; sie entwickelt einen umfangreichen Traktat über die Sakramente, dagegen keinen Traktat über die Wortverkündigung; sie betont den Gedanken der Heilsvermittlung durch die Sakramente so stark, daß das Sakrament als ausschließliches Heilsmittel erscheinen könnte, und innerhalb der Sakramententheologie ist das »Zeichen« die Grundkategorie. Andererseits aber nimmt sie dann doch *in* dieser Sakramententheologie das Wort (als Teil des Sakraments) sehr ernst. Zunächst einmal unterschied man innerhalb des Begriffs »Zeichen« das sichtbare

---

[13] Vgl. für das folgende *J. Finkenzeller,* a.a.O., bes.: Von der Schrift bis zur Scholastik, 137–142.

[14] *Augustinus,* Contra Faustum, 19,16. Vgl. auch Augustins Auslegung von Joh 15,3 (»Ihr seid bereits rein durch das Wort, das ich zu euch gesprochen habe«). Hier betont er die verändernde Kraft des Wortes und versucht, diese in Beziehung zu setzen zur Kraft des Sakramentes: »Warum sagt er nicht: Ihr seid rein wegen der Taufe, mit der ihr gewaschen worden seid, sondern sagt: ›Wegen des Wortes, das ich zu euch gesprochen habe‹?« Augustins Antwort: »Weil auch im Wasser das Wort reinigt. Nimm das Wort weg, und was ist das Wasser als eben Wasser? Es tritt das Wort zum Element, und es wird das Sakrament, auch dieses gleichsam ein sichtbares Wort. [. . .] Woher diese so große Kraft des Wassers, daß es den Leib berührt und das Herz abwäscht, außer durch die Wirksamkeit des Wortes [. . .]?« In evangelium Johannis, 80,3. Für Augustins Verständnis von Zeichen und Wort ganz allgemein und auch für die Formel »verbum visibile« vgl. auch De doctrina christiana, 2,3,4.

Element (z. B. das Wasser) vom hörbaren Wort (z. B. die Tauf-formel). Nach wechselnden Benennungen bürgerte sich ein, das Element die »Materie« des Sakraments zu nennen *(materia sacramenti)* und das Wort dessen »Form« *(forma sacramenti)*. Mit den Begriffen »Materie« und »Form« verbindet sich aber dann im 13. Jahrhundert ein Bedeutungsgehalt, der für unsere Überlegungen aufschlußreich ist. Dem aristotelischen Hylemor-phismus *(materia-forma-*Lehre) entsprechend versteht man unter Materie und Form sich gegenseitig bedingende Ursachen eines Seienden: Die Materie ist Ursache des Daseins, die Form Ursa-che des Soseins. Auf die Sakramentenlehre angewendet, bedeu-tet das: Das Element braucht das Wort, und das Wort braucht das Element, um sakramentales Zeichen sein zu können. Von daher wird in der Scholastik also keinerlei Vorrang des Sichtbaren vor dem Hörbaren behauptet. Gelegentlich wird, im Gegenteil, die höhere Bedeutung des Wortes hervorgehoben[15].

Allerdings wird, wie schon angedeutet, diese ganze Reflexion innerhalb der Sakramententheologie angestellt, d. h., man the-matisiert das im Sakrament gesprochene Wort, nicht aber das Verkündigungswort überhaupt. Hinzu kommt noch die Diskre-panz zwischen hoher Theologie und praktischem Glaubensbe-wußtsein im Kirchenvolk, eine Diskrepanz, die mit der eingangs kurz angesprochenen Gestalt der mittelalterlichen Liturgie zusammenhängt: Das Wort ist ja so gut wie nicht zu hören und für die meisten nicht zu verstehen. So konnte das Sakrament kaum noch als Wortgeschehen, als verdichtete Form von Verkündi-gung begriffen werden. Faktisch erkannte man in den Sakramen-ten wohl nicht Worte und Gesten, welche den Menschen anrüh-ren, in ihm Glauben wecken und ihn auf diese Weise mit Christus verbinden; sondern man sah sie eher wie Heilmittel, wie eine

---

[15] Vgl. z. B. *Thomas von Aquin,* Summa theologiae, III, 60, 6, bes. das erste Argument im *corpus articuli:* Dem »sinnenfälligen Ding« (d. h., dem sichtbaren Element innerhalb des Sakraments) wird das Wort hinzu-gefügt, »wie im Geheimnis der Menschwerdung mit dem sinnenfälligen Fleisch das Wort Gottes vereinigt wird«.

Arznei[16], die wirkt, wenn sie nur richtig zubereitet und angewendet wird.

Damit aber waren die Fronten vorbereitet, welche durch die Reformation und die katholische Reaktion darauf entstanden und anschließend befestigt wurden: die einseitige Betonung des Wortes im Protest gegen die Entpersonalisierung und Verdinglichung des Sakramentes auf der Seite der Reformatoren und die einseitige Betonung des Sakramentes auf katholischer Seite. Von den Auswirkungen dieser Einseitigkeit bis in unsere Zeit war eingangs schon die Rede.

Das Zweite Vatikanische Konzil

Verglichen damit, markieren die Texte des Zweiten Vatikanischen Konzils eine deutliche Umorientierung. Die Liturgie-Konstitution nennt verschiedene Weisen der Gegenwart Christi in seiner Kirche und stellt dabei nebeneinander: »Gegenwärtig ist er mit seiner Kraft in den Sakramenten, so daß, wenn immer einer tauft, Christus selber tauft. Gegenwärtig ist er in seinem Wort, da er selbst spricht, wenn die heiligen Schriften in der Kirche gelesen werden«[17]. Die praktische Folge dessen ist die Aufwertung des Wortgottesdienstes: »Die beiden Teile, aus denen die Messe gewissermaßen besteht, nämlich Wortgottesdienst und Eucharistiefeier, sind so eng miteinander verbunden, daß sie einen einzigen Kultakt ausmachen.«[18] Das ist eine andere Sprache als die eingangs in Erinnerung gerufene Unterscheidung von »Vor-Messe« und »Hauptteilen«. Auch sind im nächsten Satz der Konstitution deutlich die Korrekturen an der Praxis zu spüren: »Daher mahnt die Heilige Versammlung die Seelsorger eindring-

---

[16] Vgl. hierzu F.-J. Nocke, Sakrament und personaler Vollzug bei Albertus Magnus, Münster 1967, 18–23.

[17] Konstitution über die heilige Liturgie, Nr. 7. Vorher heißt es allerdings, etwas von den anderen Gegenwartsweisen abhebend: »Gegenwärtig ist er [. . .] vor allem in den heiligen Gestalten.«

[18] Ebd., Nr. 56.

lich, sie sollen in der religiösen Unterweisung die Gläubigen mit Eifer belehren, an der ganzen Messe teilzunehmen«[19].

Die Konstitution über die Offenbarung prägte die Formel vom »Tisch des Wortes Gottes wie des Leibes Christi«[20]. Sie nennt Gottes Wort »Gottes Kraft zum Heil für jeden, der glaubt«[21], sie spricht von der »Gewalt und Kraft«, die im Worte Gottes west, so »daß es für die Kirche Halt und Leben, für die Kinder der Kirche Glaubensstärke, Seelenspeise und reiner, unversiegelter Quell des geistlichen Lebens ist«[22], und fordert zum Schluß eine »gesteigerte Verehrung des Wortes Gottes«[23].

Die neuere katholische Theologie

Natürlich hat auch diese für die katholische Kirche relativ neue Sicht ihre Vorgeschichte. Es ist wohl kein Zufall, daß die eben zitierten Aussagen sich in der Liturgiekonstitution und in der Offenbarungskonstitution finden. Im Hintergrund stehen (außer dem ökumenischen Interesse) zwei innerkirchliche Erneuerungsbewegungen des 20. Jahrhunderts, die eng miteinander verflochten sind: die Liturgische Bewegung und die Bibelbewegung. Die erstere hat z. B. entscheidend dazu beigetragen, daß aus der »stillen Messe« die »Gemeinschaftsmesse« wurde. Das Hören und Antworten, überhaupt die dialogische Struktur der Liturgie wurden wieder entdeckt und damit die Kraft des verkündeten

[19] Ebd.
[20] Dogmatische Konstitution über die göttliche Offenbarung, Nr. 21. Allerdings ist in diesem Text eine gewisse historische Verzeichnung nicht zu übersehen: »Die Kirche hat die heiligen Schriften immer [!] verehrt wie den Herrenleib selbst«, – diese Formulierung mag eine theologisch richtige und wichtige Intention zum Ausdruck bringen; als Beschreibung des historisch Gewesenen trifft sie sicher nicht zu. Sie paßt ja auch schlecht zu dem Apell zu »der gesteigerten Verehrung des Wortes Gottes«, mit dem das ganze Dokument endet (Nr. 26).
[21] Ebd., Nr. 17.
[22] Ebd., Nr. 21.
[23] Ebd., Nr. 26.

Wortes neu erfahren. Und die Bibelbewegung erschöpfte sich ja nicht darin, daß man wieder öfter in der Bibel las, sondern sie führte auch dazu, daß man sich von der Bibel (und nicht nur von der dogmatischen Überlieferung) auch die Themen der Theologie geben ließ. So entstand Raum für ein Kapitel der Theologie, das es in den traditionellen Lehrbüchern nicht gab: Theologie des Wortes.

Noch 1956 klagte *Karl Rahner:* »Ach, daß es keine Theologie des Wortes gibt! Warum hat sich noch niemand daran gemacht, wie ein Ezechiel die zerstreuten Glieder auf den Feldern der Philosophie und Theologie zu sammeln und – das Wort des Geistes über sie zu sprechen, auf daß ein lebendiger Leib auferstehe!«[24] 1958 fügte *Michael Schmaus* in die Neuauflage seiner »Katholischen Dogmatik« ein eigenes Kapitel »Die Heilsvermittlung im Wort« ein[25] und räumte damit, soweit ich sehe[26], zum ersten Mal dem Thema »Wort« einen deutlichen Platz in einer katholischen Dogmatik ein. Seitdem mehren sich auf katholischer Seite die Versuche, eine Theologie des Wortes zu erstellen[27]. Man spricht von der Wirkkraft des Verkündigungswortes

[24] *K. Rahner,* Priester und Dichter, in: *ders.,* Schriften zur Theologie, Bd. III, Einsiedeln 1956, hier 349f.

[25] *M. Schmaus,* Katholische Dogmatik, Bd. III/1, 3.–5., völlig umgearbeitete Aufl. München 1958, 744–798. Wegen ihres besonderen theologiegeschichtlichen Stellenwertes wird im folgenden vorwiegend aus dieser Auflage zitiert. Für die weitere Entwicklung vgl. *M. Schmaus,* Der Glaube der Kirche, Bd. 2, München 1970, 271ff., sowie die 2., wesentlich veränderte Auflage desselben Werkes: Bd. V/3, St. Ottilien 1982, 25–29.

[26] Vgl. hierzu auch *H. Jacob,* Theologie der Predigt. Zur Deutung der Wortverkündigung durch die neuere katholische Theologie, Essen 1969, 45.

[27] Vgl. außer den in den Anmerkungen 1, 10 und 24–26 genannten Veröffentlichungen: *J. Betz,* Wort und Sakrament. Versuch einer dogmatischen Verhältnisbestimmung, in: *Th. Filthaut/J. A. Jungmann* (Hrsg.), Verkündigung und Glaube, Freiburg i. B. 1958, 76–99; *K. Rahner,* Wort und Eucharistie, in: ders., Schriften zur Theologie, Bd. IV, Einsiedeln 1960, 313–355; *O. Semmelroth,* Wirkendes Wort. Zur Theologie der Verkündigung, Frankfurt a. M. 1962; *Y. Congar,* Die zwei Formen des Lebensbro-

und sucht besonders das neu Entdeckte in Beziehung zu setzen zu der überlieferten Lehre von der Wirksamkeit der Sakramente.

In der Zuordnung von Wort und Sakrament schälten sich, sehr stark typisiert, zwei Gruppen heraus. Die erste arbeitet mit der Gegenüberstellung der beiden Größen. Dabei hat in der Regel das Wort eine mehr vorbereitende, aufschließende Funktion. »Das Wort bezeugt, aber es wirkt nicht das Heil. Im Wort ist Gott als der Sichoffenbarende zugegen, im Sakrament aber als der mit uns Handelnde«, so formuliert z. B. *Victor Warnach*[28]. Das Wort steht am Anfang, das Sakrament baut darauf auf. Dabei kann dem Wort auch größeres Gewicht gegeben werden. *Leo Scheffczyk* z. B. betont sehr den »Geschehens- und Tatcharakter des Wortes«[29], er sieht Wort und Sakrament als »zwei Phasen ein und desselben Lebensgeschehens [. . .], die in ihrer Bedeutung einander in keiner Weise nachstehen, die einander nicht entbehrlich machen, die vielmehr [. . .] aufeinander bezogen sind«: wie Hören und Antworten, wie Empfängnis und Geburt; das Wort stehe für die absteigende Phase der göttlichen Heilsbewegung, das Sakrament für die aufsteigende Phase[30]. Aber auf diese Weise unterscheidet er eben doch Wort und Sakrament von ihren unterschiedlichen Funktionen her.

Die andere Gruppe begreift das Sakrament nicht im Gegensatz zum Wort, sondern als einen besonderen Fall von Wort, bzw. sie sieht – nur scheinbar umgekehrt – auch im Wort eine sakramentale Struktur. So z. B. *Michael Schmaus:* »Wort und Sakrament sind nicht zwei voneinander völlig verschiedene Heilsvorgänge. Denn das Wort der Verkündigung ist wirksames Heilswort, hat also Sakramentenähnlichkeit, und das Sakrament ist sichtbare Glaubensverkündigung, hat also Wortcharakter.«[31] Um das Verhältnis von Wort und Sakrament näher zu bestimmen, spricht

tes in Evangelium und Tradition, in: ders., Priester und Laien im Dienst am Evangelium, Freiburg i. B. 1965, 114–150.

[28] *V. Warnach,* a.a.O. (oben Anm. 1), 82.

[29] *L. Scheffczyk,* a.a.O. (oben Anm. 1), 275.

[30] Vgl. ebd., 283f., Zitat: 284.

[31] *M. Schmaus,* Katholische Dogmatik, III/1 (vgl. oben Anm. 25), 744.

Schmaus von einer »dreigestuften Intensität« der kirchlichen Verkündigung und versucht, dies durch das Bild von drei umeinandergelegten Ringen zu veranschaulichen: »Im innersten Ring« sieht er das im strengen Sinn sakramentale Wort angesiedelt, also jenes Wort, das zusammen mit dem sichtbaren Zeichen die sakramentale Zeichenhandlung ausmacht (z. B. die Taufformel, die Abendmahlsworte). Es ist wirkkräftiges Wort, weil es Sakramentswort ist. »In dem durch den zweiten Ring umschriebenen Feld« liegt das Wort, das zwar nicht für das Sakrament konstitutiv ist, aber doch einen lebendigen Bezug zum Sakrament hat, z. B. das Verkündigungswort (Lesung, Evangelium, Predigt) innerhalb der Eucharistiefeier. »Von diesem Worte muß man sagen, daß es an der Wirksamkeit der Sakramente teilnimmt, wenngleich es anders wirkt als diese. Es kann nicht wirkungslos sein, weil in ihm der Heilige Geist sein Christuszeugnis durch die Kirche vollzieht.« Schließlich: »Um den das zweite Feld [. . .] umschließenden Ring legt sich ein dritter. Er faßt jenen Bezirk der kirchlichen Rede ein, welcher nur noch einen geringen Zusammenhang mit dem sakramentalen Leben hat, der aber als Vorfeld oder als Randfeld des sakramentalen Lebens und des Glaubens Bedeutung besitzt. Es ist jene Rede, in welcher die Kirche in die Welt hineinspricht. Da auch sie letztlich aus der Verbundenheit mit Christus ihre Nahrung zieht, empfängt sie aus ihr auch geistliche Wirkkraft. Deren Ausmaß und Wirkweise läßt sich jedoch noch weniger bestimmen als jene im zweiten Feld.«[32] Man merkt noch, besonders im letzten Satz, das tastende Suchen nach klaren theologischen Formeln. Ganz deutlich ist aber die Überzeugung, daß dem Wort eine größere Bedeutung zukommt als etwa nur die der Belehrung oder auch der Vorbereitung auf das Sakrament: das Wort selbst ist wirksam.

Allerdings wird hier die Wirksamkeit des Wortes noch von der Wirksamkeit des Sakraments her erklärt. Später ändert sich die Blickrichtung. In seinem 1969/70 erschienenen Handbuch »Der Glaube der Kirche« nennt Schmaus die katholische Kirche »nicht

---

[32] Ebd., 794–798.

nur [...] Kirche des Zeichens, des Sakramentes, sondern auch und sogar in erster Linie [!] Kirche des Wortes. Die Verkündigungsaufgabe ist ihre primäre Aufgabe. Die Zeichensetzung ist in die Wortaufgabe der Kirche einbeschlossen, nicht umgekehrt. [...] Auch die Zeichensetzung ist im Grunde eine Wortverkündigung.«[33] An dieser veränderten Blickrichtung kann man gut die Entwicklung innerhalb der neueren katholischen Theologie studieren. Aus der altbekannten Sakramententheologie entwickelt sich die »neue« Worttheologie. Sie bekommt einen eigenen Platz innerhalb der Dogmatik und wird zum Ausgangspunkt, bzw. zum Rahmen der Sakramententheologie. Ähnlich hatte *Karl Rahner* schon 1960 formuliert: Das Wort Gottes »ist das heilskräftige Wort, das an sich mitbringt, was es aussagt, ist selbst also Heilsereignis, das [...] anzeigt, was in ihm und unter ihm geschieht, und geschehen läßt, was es anzeigt. Es ist die Gegenwärtigsetzung der Gnade Gottes.«[34] Damit hatte Rahner »haargenau die Definition des Sakramentes«[35] auf das Wort angewendet. »Die im Glauben gehörte Botschaft ist nicht bloß das Hören eines Satzes über etwas, sondern der Empfang der Wirklichkeit selbst, über die ein Satz gehört wird.«[36] Das Wort selbst ist ereignishaft, »exhibitiv«[37], d. h. zugleich zeigend und verursachend, »wirklichkeitschaffendes Wort«[38]. Aber: »Dieses ereignishafte, exhibitive Wort geschieht in der Kirche in wesentlich verschiedener Dichte und Intensität.«[39] »Die höchste Wesensverwirklichung des wirksamen Wortes Gottes [...] im [...] Engagement der

---

[33] *M. Schmaus,* Der Glaube der Kirche, Bd. 2 (vgl. oben Anm. 25), 272.
[34] *K. Rahner,* Wort und Eucharistie, 321.
[35] Ebd.
[36] Ebd., 324.
[37] Ebd., 326. Vgl. auch *K. Rahner,* Was ist ein Sakrament? (vgl. oben Anm. 1), 381: »Ich meine, es ist [...] eine überkonfessionelle Überzeugung, daß das in der Kirche im Namen und Auftrag Gottes und Christi gesagte Wort grundsätzlich einen exhibitiven Charakter hat, bewirkt, was es anzeigt, um es gleich in einer in der Sakramententheologie klassischen Formulierung zu sagen.«
[38] *Ders.,* Wort und Eucharistie, 329.
[39] Ebd., 326.

Kirche [...] ist das Sakrament.«[40] Mit anderen Worten: Die Kirche engagiert sich, vollzieht sich in der Verkündigung des Wortes. Die zentralen Selbstvollzüge der Kirche aber sind die Sakramente.[41] Hier verdichtet sich die Verkündigung des Wortes zu höchster Intensität.

Wort und Sakrament sind demnach nicht im Gegensatz, auch nicht komplementär zueinander, sondern eher eines durch das andere zu verstehen. Das bedeutet, daß man auch das Wesen des Sakramentes besser begreift, wenn man sich unter dem Begriff des »wirklichkeitschaffenden Wortes« etwas vorstellen kann. Ich gehe im folgenden von dieser Sicht aus und will versuchen, ähnlich wie im vorigen Kapitel bezüglich der Zeichenhandlungen, mit einigen Hinweisen auf jedermann geläufige Erfahrungen zu verdeutlichen, was durch das Wort geschehen kann.

Informatives und performatives Wort

Worte können sehr unterschiedliche Funktionen haben. Es gibt das *informierende* Wort. Jemand beschreibt mir den Weg zum Bahnhof, einer berichtet über die Lebensmittelpreise im Super-Magazin, der Nachrichtensprecher teilt den Ausgang der Bundestagswahlen mit. Der Zweck solcher Worte ist die möglichst genaue Unterrichtung über einen Sachverhalt. Das Persönliche, das Gegenüber von Sprechendem und Hörendem, spielt dabei keine große Rolle. Eine Wiederholung der Worte hätte nur Sinn, wenn einer sie beim ersten Hören nicht verstanden haben sollte oder sie nicht behalten hätte; für den, der Bescheid weiß, wäre sie überflüssig und sinnlos. Solches Wort hat eine deskriptive (beschreibende) Funktion: Wirklichkeit soll beschrieben werden; aber die beschriebene Wirklichkeit existiert unabhängig von dieser Beschreibung.

[40] Ebd., 329.
[41] Vgl. hierzu besonders *K. Rahner*, Kirche und Sakramente, Freiburg 1960.

Es gibt aber auch Worte, welche das, was sie aussprechen, eben dadurch erst wirklich machen. Zur Unterscheidung vom informierenden (informativen) Wort nennt man sie *performierend* (performativ)[42]. Das Urteil, welches der Richter spricht, das Testament, welches der Verstorbene hinterlassen hat, die Veröffentlichung eines Gesetzes im Amtsblatt, die Unterzeichnung eines Vertragstextes oder eines Schecks, der Kommandoruf »Auf die Plätze – fertig – los!«, alle diese Äußerungen schaffen eine neue Lage, welche nicht wäre, wenn diese Worte nicht wären. In den genannten Beispielen haben die Worte ihre Wirksamkeit aufgrund eines gesellschaftlichen Einverständnisses: Mit dem Aussprechen bzw. mit der Unterzeichnung oder Veröffentlichung dieser Worte tritt die ausgesprochene Wirklichkeit in Kraft. Solche Worte spielen eine bedeutende Rolle auf der Ebene des Rechtes. Die Tatsache, daß bestimmte »verabredete« Worte solche Wirkung haben, schafft Verläßlichkeit im Miteinanderleben.

Daneben gibt es aber nochmals andere Worte, bzw. Worte in nochmals anderem Bedeutungszusammenhang. Sie schaffen Wirklichkeit, auch wo nichts rechtlich vereinbart wurde. Sie stiften oder verändern persönliche Beziehungen, sie verändern den Sprechenden und wollen auch den Hörenden verändern. Hierzu gehören z. B. die Worte, in denen jemand seinen Dank oder sein Vertrauen ausspricht, um Entschuldigung bittet, Verzeihung gewährt, seine Liebe erklärt – und auch Worte, mit denen jemand einen anderen tadelt, beleidigt, eine Freundschaft aufkündigt. Auch diese Worte haben performative Funktion.

Der Formulierung kann man es nicht in jedem Fall ansehen, ob sie informativ oder performativ gemeint sind. Ein Satz wie »Du warst heute der Beste«, kann eine einfache Information über die sportliche Tagesleistung, er kann aber auch eine Liebeserklärung sein; beides kann sogar zusammenfallen. Wenn einer sagt: »Ich habe vergessen, was du gestern gesagt hast«, dann kann es sein,

---

[42] Für sprachphilosophische Überlegungen in diesem Zusammenhang vgl. *H. J. Weber* (oben Anm. 1), bes. 256–274.

daß der Redende damit seine bedauerliche Vergeßlichkeit mitteilt; es kann aber auch sein, daß er mit diesem Satz Vergebung gewährt. Das performative Wort kann auch außerhalb der Form des Ich-Du-Satzes ergehen. Zum Beispiel: A sagt zu B: »Ich freue mich immer, wenn ich C sehe.« C steht dabei, er hört diesen Satz und ist davon betroffen. Vielleicht wollte A das, vielleicht auch nicht, dieser Satz wird aber die Beziehung zwischen A und C vertiefen oder sonstwie verändern. Es kann auch eine ganze Erzählung (rein an sich nicht zu unterscheiden von einem informierenden Bericht) sein, die performativ wirkt. Einer erzählt z. B. vom Anfang einer Freundschaft, von gemeinsam durchgestandenen Gefahren o. ä.; er erzählt es anderen oder dem Freunde selbst und »erklärt« (richtiger: vertieft) damit aufs neue seine Freundschaft.

Im Aussprechen solcher Worte geschieht etwas mit dem Redenden selbst. Das merkt man u. a. daran, daß er vielleicht lange zögert, bevor er spricht. Er weiß ja: Wenn ich das gesagt habe, bin ich nicht mehr wie vorher; mit diesem Worte gebe ich mich ein Stück weit aus der Hand. Vielleicht wird er aber auch dieselben Worte gern und oft wiederholen: in der Hoffnung, daß die im Wort ausgesprochene Beziehung eben durch dieses Aussprechen Wirklichkeit wird und weiter wächst. Ebenso geschieht etwas mit dem Hörenden. Später, allein, auf dem Nachhauseweg, wird er das Wort, das er hören durfte, öfters nachsprechen: »Ich mag dich, hat er zu mir gesagt!« Das Wort wiederholend wird er es mehr und mehr in sich aufnehmen und sich davon anfüllen lassen und vielleicht bei der nächsten Begegnung darum bitten: »Sag es noch einmal!« In diesen Zusammenhängen ist die Wiederholung keineswegs sinnlos. Sie schafft immer neu, vertieft, intensiviert die ausgesprochene Wirklichkeit.

Natürlich sind, damit so etwas geschehen kann, die Ehrlichkeit des Sprechenden und die Offenheit und Empfänglichkeit des Hörenden Voraussetzung. Hier gilt dasselbe, was im vorigen Kapitel bezüglich der Gesten gesagt wurde: Von der Übereinstimmung zwischen innerer personaler Wirklichkeit einerseits und ihrer Äußerung im Zeichen oder Wort andererseits hängt es ab, inwieweit Gesten und Worte Wirklichkeit schaffen oder leer und wirkungslos bleiben.

Sakrament als Wirklichkeit schaffendes Wort

Von diesen Überlegungen her dürfte sich ein Zugang zum Sakramentsverständnis ergeben. Sakrament, so können wir nun sagen, ist Wirklichkeit schaffendes Wort, performative Rede, und zwar sowohl im Sinne des persönlich treffenden, Beziehung stiftenden Wortes als auch im Sinne des »rechtlich« wirksamen Wortes.

(1) Das Sakrament ist Wort, das Menschen persönlich trifft und innerlich umwandelt. Das Wort kann in der Form der Anrede ergehen: »Ich taufe dich...«, »So spreche ich dich los von deinen Sünden...«, »Ich nehme dich an als meine Frau...«. Es kann aber auch die Form der Erzählung haben (der Form nach also mit informativer Rede verwechselbar) und doch in performativer Funktion gebraucht werden. So wird mitten in der Feier der Eucharistie von deren Anfang, vom Abendmahl Jesu, erzählt: »In der Nacht, in der er verraten wurde, nahm er das Brot...«, und damit wird das Erzählte in der Runde der heute Versammelten so sehr Wirklichkeit, die ganze Situation wird so verwandelt, daß die innerhalb der Erzählung vorkommende Anrede »Nehmet und esset alle davon...« zur Anrede an die jetzt das Wort Hörenden wird.

(2) Das Sakrament ist gleichzeitig aber auch performatives Wort im Sinne der »vereinbarten« (hier würde man besser sagen: »gestifteten« und *dadurch* wirksamen Rede. Das sakramentale Wort setzt in Kraft, was es sagt. Es »gilt«, wenn es einmal ausgesprochen ist. Das läßt sich am deutlichsten zeigen bei jenen Sakramenten, bei denen man von der Verleihung eines »sakramentalen Charakters« spricht, womit ja gerade eine objektive Gegebenheit gemeint ist, die auch noch weitgehend unabhängig von der persönlichen Verfassung der am Sakrament Beteiligten

(»Spender« und »Empfänger«) da ist: Wer einmal getauft ist, ist Mitglied der Kirche; wer ordiniert ist, ist Priester. Aber auch für die anderen Sakramente gilt: Wo diese ganz bestimmten, von der Kirche als ihre Grundvollzüge erkannten und anerkannten Worte gesprochen (und Zeichen gesetzt) werden, da engagiert sich, vollzieht sich, erkennt sich Kirche als Kirche.

Dieser zweite Aspekt ist das Spezifikum des Sakraments gegenüber dem übrigen in der Kirche gesprochenen Verkündigungswort. In gerade diesen Worten erkennt sich die Kirche am eindeutigsten wieder. Dasselbe gilt für die Sakramente, insofern sie Zeichenhandlungen, Gesten sind. Der Unterschied zwischen jenen Gesten, die wir Sakrament nennen, und jenen, die wir nicht so nennen, obwohl auch sie Wirklichkeit schaffen, Beziehungen herstellen, mit Jesus Christus verbinden (wie z. B. der Friedensgruß, die Fußwaschung am Gründonnerstag oder die Zeichenhandlungen bei der Feier einer Ordensprofeß) ist ja nicht der, daß das eine Mal das Zeichen wirkt und das andere Mal höchstens der persönliche Glaube wirkt, das Zeichen aber nur dessen rein äußerliche Veranschaulichung ist; sondern der Unterschied besteht »nur« darin, daß sich im Sakrament Kirche so »offiziell« vollzieht, sich mit ihm so sehr identifiziert, so radikal sich als Kirche engagiert wie in den anderen Gesten und Worten nicht. Das macht die Sakramente zu besonders deutlichen Zeichen, schafft (auf der Ebene der kirchlichen Gemeinschaft) eine besondere Verläßlichkeit und Verbindlichkeit.

Aber: Das entwertet nicht die anderen Worte und Gesten. Ja, damit ist nicht einmal gesagt, in den freien, nicht amtlich vereinbarten Worten und Gesten ereigne sich weniger Gnade, Heil, brüderliche Verbundenheit, Gemeinschaft mit Gott.

Dieser zweite Aspekt (Sakrament als das »offiziellste« Wort in der Kirche) darf auch nicht so isoliert betont werden, daß der erste Aspekt dabei vergessen würde. Auch das Sakrament ist Verkündigung, es will die daran Beteiligten nicht nur offiziell erreichen, sondern es will sie auch ganz persönlich treffen, in Anspruch nehmen, erfüllen und verwandeln. Deshalb reicht es eben nicht, wenn nur der Ritus in der vorgeschriebenen Form

»gültig« vollzogen wird; das Sakrament muß vielmehr so gefeiert werden, daß seine Zeichensprache (Worte und Gesten) von den Mitfeiernden auch wirklich verstanden, daß die in ihm verkündete Botschaft auch wirklich vernommen und innerlich angenommen werden kann, nochmals anders gesagt, daß das Wort auch wirklich das Herz der Feiernden erreichen kann.

Deshalb wird man immer wieder, wie seit dem Zweiten Vatikanischen Konzil geschehen, auch die »amtlichen«, »vereinbarten« Worte und Zeichen im Hinblick auf die konkreten Menschen überprüfen. Und darum wird man auch den persönlichen Äußerungen der Teilnehmer Raum geben müssen. Persönliche Färbung, Kreativität und Spontaneität sind nicht nur aus pädagogischen Gründen zugelassene Zugaben, sondern sie gehören eigentlich zum Wesen der sakramentalen Feier. *Alexandre Ganoczy* bezeichnet das sakramentale Zeichen als ein »zugleich überliefertes und offenes System«. Die »Überlieferung« bestimmter Riten ermöglicht die Kontinuität mit der Vergangenheit und die Verständigung zwischen soziokulturell sehr verschieden geprägten Menschen. »Offen« muß die Form sein, da zu jeder Kommunikation auch gehört, daß der einzelne sich mit seiner persönlichen Individualität einbringt und ausdrückt. Es komme nun darauf an, sagt Ganoczy, »das überlieferte Pferd kreativ zu reiten«[43]. Schließlich ist aus demselben Grunde auch die gesamte Atmosphäre der liturgischen Feier von großer Bedeutung. Der Sinn der Worte und Zeichen im Sakrament ist ja gerade der, daß die gnadenhafte Begegnung mit Gott nicht nur als schlechthin bewußtseinsjenseitiges Geschehen geglaubt, sondern auch leibhaftig spürbar realisiert und erfahren werden kann.

Dies einmal vorausgesetzt, wird sich auch die Sinnhaftigkeit der häufigen Wiederholung erweisen. Wie der Liebende gern die Worte der Liebe noch einmal hört, so wird der, welcher die

[43] *A. Ganoczy,* Einführung in die katholische Sakramententheologie, Darmstadt 1979, 118. Vgl. hierzu auch den in Anm. 18 des vorangehenden Artikels gegebenen Literaturhinweis.

anrührende, wohltuend verwandelnde Kraft der sakramentalen Worte und Zeichen erfahren hat, gern immer neu sich ihnen aussetzen und sich auf sie einlassen, in der Erwartung, daß die begonnene Geschichte von Glaube und Liebe darin weiterwächst.

Wechselwirkungen zwischen Liturgie und »profaner« Kultur

Wir haben versucht, von der »profanen« Erfahrung mit dem Wort ausgehend einen Zugang zum Begriff des Sakraments zu gewinnen. Praktisch könnte ich mir auch eine Konsequenz in umgekehrter Richtung vorstellen. Wenn innerhalb der Liturgie die Mehrschichtigkeit des Wortes, insbesondere seine wirklichkeitsverändernde Kraft, erfahren wird, dann könnte sich das auch wieder auf die Kultur unseres Miteinandersprechens auswirken. Wer persönlich erlebt hat, was mit ihm geschah, als jemand sich ihm zuwandte und ihm sagte: »Shalom!«, als einer ihm das Brot brach und ihm (ihm persönlich!) sagte: »Der Leib Christi«, der bekommt vielleicht ein Gespür dafür, daß in scheinbar ganz nutzlosen Worten, ja gerade in ihrer Wiederholung sich Entscheidendes ereignen kann.

Sicher müssen, damit solche Wechselwirkungen zwischen Liturgie und »profaner« Kultur entstehen können, die Grenzen zwischen diesen beiden Bereichen noch bedeutend mehr verflüssigt werden. In einigen Situationen, besonders bei Treffen von Jüngeren, meine ich aber so etwas gespürt zu haben. Die gottesdienstliche Feier war sehr offen gestaltet, zu den überlieferten liturgischen Worten und Zeichenhandlungen kamen andere, persönliche Worte und in der konkreten Gruppe gewachsene Gesten hinzu, nach der Feier aber gingen die Teilnehmer auffallend sensibel, aufmerksam und erfindungsreich miteinander um. Vielleicht könnte also von einem neuen Lernen des liturgischen Feierns, vom Verstehen und Erleben des Sakramentes her der

Verarmung unserer Gesprächskultur entgegengewirkt werden, sowohl der Reduzierung der Sprache auf die bloße Information als auch der Kehrseite dieses Vorgangs, nämlich dem Absinken des performativen Wortes in den Kitsch von Liebesschlagern u. ä., wo man sich dann all die Worte erlaubt, die man sich in seriösen Zusammenhängen verbietet, wo diese Worte aber unverbindlich bleiben und damit auch nichts mehr gestalten.

Eucharistische Tischgemeinschaft

Der bekannteste und wichtigste Treffpunkt katholischer Christen, die Messe oder, wie wir heute lieber sagen: die Eucharistie, ist die Feier eines Mahles. Das haben wir in unserer Generation wieder gelernt. Vielleicht müßte man richtiger sagen: Wir sind dabei, es zu lernen[1]. Ich möchte deshalb erstens etwas sagen darüber, was Mahlgemeinschaft überhaupt heißt und wieso man die Eucharistie als Mahl bezeichnet, und zweitens einige Merkmale benennen, die für die eucharistische Tischgemeinschaft wesentlich sind. Daraus werden sich dann einige Handlungskonsequenzen bzw. Anfragen an unser Handeln (das des einzelnen ebenso wie das der Gemeinden) ergeben.

---

[1] Für das Thema »Eucharistie« allgemein sei empfohlen: *Th. Schneider,* Zeichen der Nähe Gottes. Grundriß der Sakramententheologie, Mainz 1979, 128–186; *ders.,* Wir sind sein Leib. Meditationen zur Eucharistie, Mainz 1977; *ders.,* Deinen Tod verkünden wir. Gesammelte Studien zum erneuerten Eucharistieverständnis, Düsseldorf 1980; *A. Gerken,* Theologie der Eucharistie, München 1973; *ders.,* Jesus unter uns. Was geschieht in der Eucharistiefeier?, Münster 1977; ferner die sehr ausführlichen Artikel »Abendmahl« und »Abendmahlsfeier« in der Theologischen Realenzyklopädie (TRE). Bd. I, Berlin 1977, 43–229 und 229–328; für die exegetische Behandlung: *P. Neuenzeit,* Das Herrenmahl. Studien zur paulinischen Eucharistieauffassung, München 1960, *R. Pesch,* Wie Jesus das Abendmahl hielt. Der Grund der Eucharistie, Freiburg i. B. 1977; für eine Verbindung von bibeltheologischen und heute aktuellen Gesichtspunkten: *H. Kahlefeld,* Das Abschiedsmahl Jesu und die Eucharistie der Kirche, Frankfurt/M. 1980.

Eucharistie als Mahlgemeinschaft

Tischgemeinschaft

Es gibt eine Zeichensprache, die wir alle gut verstehen. Wenn jemand an unserer Wohnung schellt, wir öffnen die Tür, aber nur zwei Handbreiten weit, so daß der Besucher auf der Matte stehen bleiben muß und ein Gespräch nur durch den Türspalt möglich ist, dann merkt der andere: er ist jetzt als Besuch nicht erwünscht. Möchten wir den Eindruck vermeiden, wir wollten nichts mit ihm zu tun haben, so bitten wir ihn doch wenigstens in die Diele. Wir können ihm aber auch unsere Bereitschaft signalisieren, uns näher auf ihn einzulassen: wir bitten ihn, seinen Mantel abzulegen, ins Zimmer zu kommen, Platz zu nehmen, wir bieten ihm einen Cognac oder eine Zigarette an. Wahrscheinlich wird der Gast, spätestens wenn die Zeit zum Essen da ist, sich erheben und gehen, um nicht weiter zu stören. Laden wir dann ein, zu bleiben: »Wir würden uns freuen, wenn Sie mit uns essen; wir stellen einfach einen Teller dazu . . .« – und nimmt der Besuch die Einladung an, dann tun wir beide, Einladender und Gast, damit einen weiteren Schritt aufeinander zu: Die Runde um den Tisch – mit den anderen, die jetzt dazukommen, Kinder, andere Angehörige, wer sonst noch in der Wohnung ist – diese Runde und das gemeinsame Essen schaffen ein Bild von Zusammengehörigkeit, Vertrautheit, Freundschaft, dessen Wirkung man sich nicht leicht entziehen kann. Vielleicht wird der Besucher, weil er das weiß und das nicht möchte, sich lieber mit irgendeiner schnell erfundenen Begründung entschuldigen und gehen. Denn Tischgemeinschaft kann nicht gut unverbindlich bleiben. Sie stiftet und vertieft persönliche Beziehungen.

Das bezeugt auch unsere Sprache. Wir sagen: »Mit dem setze ich mich nicht an einen Tisch!« und verdeutlichen damit, daß wir keinen Kontakt mit ihm wünschen. »Zwischen uns ist das Tischtuch zerschnitten« – mit diesem Bild drücken wir das Ende einer Beziehung aus. Umgekehrt sagt man von manchen Gegenden bei uns in Westfalen, man müsse als Neuzugezogener mit den

Einheimischen erst einen Sack Salz gegessen haben, bevor man mit ihnen warm geworden sei.

Wenn wir das vor Augen haben, verstehen wir schon etwas von dem, was Mahlgemeinschaft bedeutet. »Mahl« ist ja nur ein anderes Wort für das gemeinsame Essen; es betont freilich, im Gegensatz etwa zur bloßen gleichzeitigen Nahrungsaufnahme in einem Schnellimbiß, den Gemeinschaftscharakter eines solchen Essens. Was hat das aber mit unserem liturgischen Gottesdienst zu tun?

Gottesdienste in Israel

In Israel, in dem Volk also, aus dem Jesus stammt und in dem die ersten Gemeinden von Christen entstehen, kannte man eine reich entfaltete Praxis von Gottesdiensten[2]. Neben vielen anderen (z. B. Wallfahrten nach Jerusalem, Wortgottesdienste in den Synagogen) stehen uns besonders zwei Gestalten von Liturgie vor Augen: der Opferkult im Tempel und das Mahl in den Häusern.

Der Opferkult im Tempel

Um den Bund mit Gott zu erneuern, um ihm zu danken, ihn um Versöhnung zu bitten, schlachtete man Tiere und verbrannte das Fleisch. Der Rauch, der zu Gott aufsteigt, das Blut der Tiere, das vergossen wird, verbinden die Erde mit dem Himmel. Zu diesem Zweck ging man an einen eigenen, aus der übrigen Welt ausgegrenzten Ort, den Tempel. Innerhalb des Tempelkomplexes

---

[2] Vgl. *F. E. Wilms,* Freude vor Gott. Kult und Fest in Israel, Regensburg 1981 (übersichtlich angeordnete, vor allem für den Religionspädagogen gedachte Darstellung mit Ausblicken auf den christlichen Gottesdienst); *H.-J. Kraus,* Gottesdienst in Israel. Grundriß einer Geschichte des alttestamentlichen Gottesdienstes. 2., völlig neu bearbeitete Aufl. München 1962 (stärker den Forschungsstand berichtend); *J. J. Petuchowski,* Zur Geschichte der jüdischen Liturgie, in: *H. H. Henrix* (Hrsg.), Jüdische Liturgie. Geschichte – Struktur – Wesen, Freiburg i. B. 1979, 13–32 (knapp, mit kurz kommentierten bibliographischen Hinweisen).

betreten die Gläubigen einen Bezirk, in den die Heiden nicht folgen dürfen. Die Männer dürfen weiter vortreten als die Frauen, die Priester nochmals weiter als die anderen. In das Allerheiligste aber, die Stätte der Gegenwart Gottes, darf nur – und das nur einmal im Jahr – der Hohepriester hineingehen.

Das Mahl in den Häusern

Auch das Mahl ist eine gottesdienstliche Feier. Aber dieser Gottesdienst kann überall stattfinden: bei den Zelten der Pilger und in jedem Privathaus. Die ganze Familie (gegebenenfalls mit Gästen und Nachbarn) ist um einen Tisch versammelt. Es wird erzählt, es wird Gott gedankt, gebetet und gesungen, es wird gegessen und getrunken. Und in all dem macht man die Erfahrung: Gott ist in unserer Mitte, in unseren Häusern, in unserer Stadt.

Die bedeutendste Feier dieser Art ist das jährlich gefeierte Paschamahl. Aber auch an jedem Vorabend des Sabbat hält man ein solches Mahl in der Familie.

Jeder in Israel konnte leicht verstehen, worum es dabei ging. Denn überhaupt jedes Gastmahl, das man veranstaltete, bekundete Zusammengehörigkeit, Freundschaft, Versöhnung. War man mit jemandem zerstritten und lud ihn dann zu einem Abendessen ein, so war das ein Zeichen, daß man wieder Frieden wollte, und ging der Eingeladene darauf ein und kam zu dem Essen, so geschah durch dieses Miteinander-Mahl-Halten die Versöhnung. Das Mahl verbindet: es verbindet Menschen miteinander, und es verbindet die Menschen mit Gott.

Christlicher Gottesdienst: »Brechen des Brotes«

Die ersten Christen verstanden sich als gläubige Juden. Wie die anderen Juden besuchten sie den Tempel zu gemeinsamem Gebet. Aber zur zentralen gottesdienstlichen Feier wurde für sie nicht das Opfer im Tempel, sondern das Mahlhalten in den Häusern (vgl. Apg 2,46; 3,1).

Sie erzählten gern von den Tischgemeinschaften, die im Leben Jesu offenbar eine große Rolle spielten: von der Hochzeit zu Kana (vgl. Joh 2,1–11), von der Tischgemeinschaft mit dem verrufenen Oberzöllner Zachäus (vgl. Lk 19,1–10), vom Gastmahl im Hause des Pharisäers Simon, zu dem dann – aufgrund der Anwesenheit Jesu – auch eine öffentlich als Sünderin bekannte Frau kam (vgl. Lk 7,36–50), und auch von den Reaktionen der beteiligten Menschen: wie die einen sich freuten, daß Jesus sich mit Sündern an einen Tisch setzte, und die anderen Anstoß daran nahmen, weil er auf diese Weise alle geheiligten Ordnungen durcheinanderzubringen schien, wie also beide Seiten zeigten, daß sie ihn verstanden hatten: Seine Tischgemeinschaft bedeutete Annahme, Versöhnung, Solidarität mit den Tischgenossen.

Die Jünger erinnerten sich, wie sie selbst, ein – was etwa ihre politischen Erwartungen oder ihre Stellung im Volk betraf – bunt gewürfelter Haufen, durch ihn zu einer Tischgemeinschaft geworden waren, bis er sie schließlich, im Angesicht der drohenden Verhaftung, zur Feier seines letzten Abendmahles versammelte. So hatte er sich mit ihnen verbunden und gleichzeitig sie miteinander verbündet und den neuen Bund mit Gott gestiftet.

So wurde nach seinem Tod das gemeinsame Mahl *das* Zeichen schlechthin, daß er auferstanden und lebendig ist und daß er neu auf seine Jünger zukommt. Beides – daß er lebt und daß er in ihrer Mitte ist – erkennen und erfahren sie »beim Brechen des Brotes« (vgl. Lk 24,30; Joh 21,12f.).

Dieses Wort, »Brechen des Brotes«, gebrauchen Lukas und Paulus zur Bezeichnung der Eucharistie (vgl. Apg 2,46; 20,11; 1 Kor 10,16). Sie unterstreichen damit den Gedanken des Miteinander-Teilens und der Gemeinschaft: alle essen von dem einen Brot. Paulus spricht wiederholt von »Zusammenkunft« (1 Kor 11,17f. 20,33f.) und betont damit die Notwendigkeit, zueinanderzukommen, sich dem anderen zuzuwenden, damit die Zusammenkunft wirklich »Mahl des Herrn« werde. Der Gegensatz zu »Mahl des Herrn« ist für ihn das »Eigenmahl«, jene pervertierte Zusammenkunft, bei der jeder nur an sich selbst denkt (vgl. 1 Kor 11,20f.).

Dies also ist das zentrale Sakrament der Christen: eucharistische Tischgemeinschaft, in der Sprache des Neuen Testaments: »Brechen des Brotes«, »Mahl des Herrn«. Das bedeutet: Die Begegnung mit Gott geschieht nach christlichem Glauben mitten in unserer Welt. Man muß nicht das ganze übrige Leben und womöglich auch noch die Menschen, mit denen man zusammenlebt, vergessen, um zu Gott zu kommen. Wir dürfen vielmehr mit ihm rechnen in unseren Häusern, dort, wo wir leben, wo wir arbeiten, essen und trinken, wo wir weinen und Feste feiern. Und: Die Begegnung mit Gott geschieht in der Zuwendung zum anderen Menschen. Wir müssen nicht die Augen vor den anderen verschließen, weil sie uns nur ablenken könnten von Gott; sondern wir dürfen und sollen uns einander zuwenden – das macht ja gerade die Tischgemeinschaft aus –, einander anschauen, Brot und Wein miteinander teilen und wissen: gerade so wird der »Leib Christi« Wirklichkeit – in der Runde derer, die in seinem Namen versammelt sind.

Unterschiedliche Akzente in der Kirchengeschichte

Nun wird mancher sagen: Davon ist aber in der Messe, so wie ich sie kenne, wenig zu erkennen. In der Tat haben sich im Laufe der Kirchengeschichte die Akzente mehrmals verändert[3]. Das letzte Stadium dieser Geschichte haben mindestens die Älteren noch selbst miterlebt. Sie werden sich erinnern, daß beim Betreten der Kirche die Familien sich trennten, die Männer rechts, die Frauen links, die Kinder ganz vorn. So schien man sich beim Weihwassernehmen eher voneinander zu verabschieden, als daß man zur Feier der Gemeinschaft zusammenkam. Außerdem war in vielen

---

[3] Für einen Überblick vgl. *Th. Klauser,* Kleine Abendländische Liturgiegeschichte, Bonn 1965; für interessante Details und eine theologische Reflexion des Wandels: *Th. Schneider,* Gewandeltes Eucharistieverständnis?, Einsiedeln 1969 (jetzt auch in: Deinen Tod verkünden wir [vgl. Anm. 1]), 111–142; *ders.,* Wandel im Sakramentenverständnis, in: *W. Albrecht* u. a., Zur Grundlegung des Sakramentenunterrichts, Donauwörth 1983, 7–37.

Kirchen der Altar*tisch* kaum als solcher erkennbar, er wirkte eher wie ein kleiner Vorbau vor einer großartigen Altar*wand*. Man sprach ja auch kaum von der eucharistischen Mahlfeier, sondern nur vom Meßopfer. Lange Zeit galt es als ein Zeichen besonderer Frömmigkeit, zwar oft zur Messe, aber nur selten zur Kommunion zu gehen. Andere Akzente waren statt dessen in den Vordergrund gerückt: Die Aufmerksamkeit konzentrierte sich auf die Wandlungsworte und auf die Anbetung Christi in der konsekrierten Hostie. Nicht das Essen, sondern das Anschauen und Niederknien schien die klassische Weise eucharistischer Frömmigkeit zu sein. Diese Akzentverlagerung ist auch heute noch mancherorts in der Kirche wirksam.

Wiederentdeckung des Mahlcharakters

In unserem Jahrhundert begann dann – etwas vereinfachend gesagt – die Wiederentdeckung des Mahlcharakters der Messe. Die Liturgische Bewegung, die besonders den Gedanken der Gemeinschaft betonte, wurde insbesondere in der katholischen Jugendbewegung lebendig. Sie konnte sich stützen auf die Kommuniondekrete *Pius X.* Der Papst rief (schon 1905!) zur öfteren und täglichen Kommunion auf. Zwar wurde die Liturgische Bewegung als Neuerung in der Kirche angefochten; aber sie setzte sich schließlich in den Beschlüssen des II. Vatikanischen Konzils zu einem guten Teil durch.

So sehen wir heute schon im äußeren Aufbau der Kirchen zunehmend die Gemeinde um den Altar versammelt. Der Empfang der Kommunion gehört wieder deutlicher zur Messe. Vielerorts hat man in kleinem Kreis, oft auch bewußt in einem »profanen« Raum, die eucharistische Zusammenkunft neu als Gemeinschaft erlebt. Die deutschen Bischöfe haben, was leider zu wenig bekannt ist, mit ihren Richtlinien vom 24. 9. 1970[4] zu

[4] Richtlinien der Deutschen Bischofskonferenz für Meßfeiern kleiner Gemeinschaften, veröffentlicht in den Kirchlichen Amtsblättern der deutschen Diözesen, z. B. in: Kirchliches Amtsblatt für das Bistum Essen 13 (1970) Stück 21, 168–172.

solchen Feiern ausdrücklich ermuntert. Bei der Hinführung der Kinder zur Kommunion spielt die Erfahrung von Gruppen- und Tischgemeinschaft (miteinander spielen, reden, essen und trinken) eine wesentliche Rolle. Einzelne Zeichen der Kommunikation werden heute, besonders von Jugendlichen, neu entdeckt und ausgestaltet: das Brechen des Brotes, der (manchmal sehr intensiv und herzlich ausgetauschte) Friedensgruß, die persönliche Fürbitte und überhaupt das persönliche Bekenntnis, mit dem sich der einzelne einbringt, usf. Lauter Zeichen, die für den engen Zusammenhang von Kommunikation miteinander und Kommunion mit Christus sprechen.

Viele haben auf diese Weise beglückende Erfahrungen gemacht. Charakteristisch ist vielleicht die Äußerung eines Mädchens, das nach einem Wochenendtreffen von Jugendlichen schrieb: »Die Messe war einmalig, ich werde sie nie vergessen, am liebsten hätte ich die Zeit angehalten [. . .] dieses Supergefühl von Gemeinschaft, Offenheit, Verbundenheit[. . .]«[5] Manche haben die verwandelnde, versöhnende Kraft dieses Sakraments erfahren: In einer gespannten Situation feierte man Eucharistie und wunderte sich ein wenig über sich selbst: nachher ging man anders miteinander um als vorher.

Einwände, kritische Anfragen

Aber wir dürfen auch nicht übersehen, daß bei vielen in der Kirche die Skepsis zugenommen hat. Trotz aller Reformen – die Zahl der Gottesdienstteilnehmer nimmt weiter ab. Zwar sind (was natürlich sehr beachtlich ist) einige neu von außen hinzugekommen; aber viele, die gestern kamen, bleiben heute weg. Mancher vielleicht deshalb, weil er in der neuen Form einen größeren Anspruch an sich verspürt – das ist wahrscheinlich unvermeidlich und sogar notwendig –, manch anderer, weil ihm vorkommt, die neuen Formen seien bloßes Theater, nichts als

---

[5] Zit. in: *A. Ricken/M. Steiner,* Pfingsttreffen der Kreuzflamme, in: Hirschberg. Monatsschrift des Bundes Neudeutschland 35 (1982) Nr. 7, 248f., Zitat 248.

eine schöne Schau: in der Kirche werde »Friede« und »Gemeinschaft« gespielt, und draußen verhielten sich die Gemeindemitglieder genauso unmenschlich wie die übrige Gesellschaft – das müßte uns unruhig machen. Manchem bedeutet die Messe nichts, weil ihn (bzw. seine Gemeinde) die Erneuerung noch nicht erreicht hat; viele fühlen sich aus ganz anderen Gründen, die wir hier nicht erörtern können, in der Kirche nicht zu Hause.

Darüber hinaus hören wir aber auch mehr grundsätzliche Einwände, die das Verständnis der Eucharistie als Mahlgemeinschaft überhaupt in Frage stellen: Wird bei diesem Verständnis das Christentum nicht reduziert auf reine Mitmenschlichkeit, verflacht zum bloßen Appell »Seid nett zueinander!«? Habt ihr vergessen, fragt man uns, daß die Messe ein Opfer ist? Ist Christus etwa umsonst am Kreuz gestorben? Habt ihr vergessen, daß es zuallererst um Gott geht? Daß es vor allem seine Gnade ist, die uns inspiriert und trägt, die Glaube, Hoffnung und Liebe schenkt? Soll nun alles abhängen von einer gekonnten Regie, von optimalem gruppendynamischem Arrangement? Merkt ihr nicht, daß ihr mehr von eurer Gemeinschaft redet als von Jesus Christus? Feiert am Ende die Gemeinde nur noch sich selbst? Ich kann solcher Skepsis nicht in allen Punkten zustimmen; aber ich meine, wir sollten diese Kritik doch zum Anlaß nehmen, uns zu fragen: Was für eine Tischgemeinschaft meinen wir eigentlich? Von welcher Art müßte die eucharistische Mahlgemeinschaft sein?

Merkmale eucharistischer Gemeinschaft

Eine kurze Antwort könnte lauten: Eucharistische Gemeinschaft meint Zusammenkunft im Namen Christi. Solchem Zusammenkommen hat der Herr seine Gegenwart versprochen: »Wo zwei oder drei in meinem Namen versammelt sind, da bin ich mitten unter ihnen« (Mt 18,20). »In seinem Namen«, das heißt: in seiner Gesinnung, in seinem Geist. Was bedeutet das konkret?

Was war wohl für den Oberzöllner Zachäus das Überraschende? Worüber hat er sich so sehr gefreut? Woran lag es, daß er ein anderer werden, daß in seinem Hause etwas heil werden konnte (vgl. Lk 19,1–10)? Jesus war zu ihm hingegangen, er hatte sich mit ihm an einen Tisch gesetzt, er hatte – was die einen gotteslästerlich fanden und was die anderen aufatmen ließ – diesen Menschen trotz seiner enormen Schuld *angenommen*. Als man Jesus wegen solchen Verhaltens Vorwürfe macht (»Er gibt sich mit den Sündern ab und ißt sogar mit ihnen!« Lk 15,2), da erzählt er die Gleichnisse vom Verlorenen, unter anderem das Gleichnis vom Vater, der seinen weggelaufenen Sohn wieder annimmt, ohne ihm irgendeine Bedingung zu stellen (vgl. Lk 15,11–32). Damit macht Jesus deutlich: An dem, was ich hier tue, könnt ihr sehen, wie Gott ist. Tischgemeinschaft ohne Vorbedingungen – so handelt Gott. Das soll jetzt in menschlichem Verhalten sichtbar und erfahrbar werden.

Das ist also das Erste, was für eucharistische Zusammenkunft kennzeichnend ist. Wer kommt, soll sich als angenommen erfahren. Er soll wissen: Dort bin ich erwünscht; da sind Menschen, die sich für mich interessieren, die mich nicht zuerst einmal kritisch mustern, sondern die mich akzeptieren, die mir wohlwollen. So wird er vielleicht – was vielen Menschen heute gar nicht leicht fällt – auch lernen, an das unbedingte Wohlwollen Gottes zu glauben.

Geht es so in unseren Gemeinden zu? Nehmen wir überhaupt wahr, wenn Menschen hungrig nach Kontakt und Angenommensein zu uns kommen? Oder sind unsere Gemeinden viel zu anonym, viel zu gut durchorganisiert und deshalb gar nicht mehr fähig zu solcher Sensibilität und Offenheit? Haben wir vielleicht seit langem eingespielte Verhaltensmuster, die Menschen mit anderer Sprache, anderem Lebensstil von vornherein abstoßen?

Versöhnung

Durch die ganze Feier zieht sich das Motiv der Versöhnung hindurch, Versöhnung der Versammelten miteinander und mit Gott[6]. Darauf deuten viele Einzelheiten hin: der Bußakt am Anfang; das Wort des Priesters nach dem Evangelium: »Herr, durch dieses Evangelium nimm hinweg unsere Sünden«; das im Einsetzungsbericht feierlich verkündete Wort vom »neuen Bund« und vom Blut, das »vergossen wird zur Vergebung der Sünden«, die Vaterunser-Bitte »Vergib uns unsere Schuld«, mit dem aufregenden Zusatz »wie auch wir vergeben . . .« (so eng sind die Versöhnung mit Gott und die unter uns Menschen ineinander verzahnt!); die Bitte vor dem Empfang der Kommunion: ». . . sprich nur ein Wort, so wird meine Seele gesund« (die doch den Glauben voraussetzt, daß der Herr nun dies heilende Wort spricht); das Entlaßwort »Gehet hin in Frieden!«; vor allem aber die Grundgestalt der Feier: das versöhnende Mahl.

Versöhnung meint selbstverständlich nicht Komplizenschaft in der Sünde. Im Gegenteil: Eucharistie als Feier der Versöhnung bedeutet, daß auch die Schattenseiten nicht ausgeblendet werden. Es soll nicht so sein wie bei manchen Kaffeekränzchen, bei denen man alle dunklen Seiten sorgfältig voreinander verbirgt (die eigenen Schwächen und Gemeinheiten ebenso wie die Sorgen mit den eigenen Kindern) und bei denen man eben deswegen trotz aller Plauderei letztlich doch allein bleibt, allein mit seinen wirklichen Problemen und mit seinem schlechten Gewissen. Gemeinde, die Eucharistie feiert, in der so viel von Versagen und Vergebung die Rede ist, muß auch möglich machen, daß man von Schuld und Versagen reden kann, von der eigenen Schuld wie von der der Gemeinde als ganzer. Und auch, daß man sich durch brüderliche Kritik gegenseitig weiterhilft.

Wieder werden wir uns erforschen müssen: Weichen wir mit

[6] Vgl. hierzu auch unten S. 104 f.

unserer Gemeindepraxis nicht gerade der Versöhnung ständig aus? Entweder dadurch, daß wir allen Schmutz unter den Teppisch kehren, oder dadurch, daß wir, um eine Gemeinschaft von Menschen zu sein, bei denen alles in Ordnung ist, die »problematischen Fälle« hinausdrängen: die Geschiedenen, die Drogenabhängigen, die Vorbestraften usw.? Haben wir, die einzelnen, vielleicht Angst, aus unserer Gemeinde eine wirkliche Versöhnungsgemeinschaft werden zu lassen, weil wir dann damit rechnen müßten, daß wir selbst in einen Prozeß der Verwandlung hineingerieten? Wie können wir aber dann miteinander Eucharistie feiern?

Wenigstens erinnern muß man in diesem Zusammenhang an das Riesenproblem unserer Tage: die Sorge um den Weltfrieden. Das Problem ist sicher viel zu groß und zu komplex, als daß ich jetzt hier etwas Gescheites dazu sagen könnte. Aber eins ist mir doch klar: Wir können nicht unsere Eucharistiefeier mit dem Gruß beschließen »Gehet hin in Frieden!« – und uns dann einfach damit *abfinden,* daß die Menschheit unversöhnt ist und unversöhnlich bleibt.

Teilen

Die Apostelgeschichte erzählt von der Urgemeinde in Jerusalem: »Sie verkauften Hab und Gut und gaben davon allen, jedem so viel, wie er nötig hatte«, und im selben Atemzug: »sie brachen in ihren Häusern das Brot« (Apg 2,45f.). Das Teilen des Brotes und das Teilen dessen, was man zum Leben braucht, das gehört ganz eng zusammen. Das Teilen des Brotes wird zur Lüge, wenn das Teilen des Besitzes verweigert wird. Dies war offenbar der Skandal in Korinth, den Paulus in seinem Brief scharf tadelt. Dort kamen die reichen Gemeindemitglieder, weil sie es sich leisten konnten, früher zur Versammlung und vergaßen, auf die Armen zu warten und mit ihnen das Abendbrot zu teilen. »Das ist keine Feier des Herrenmahles mehr!«, schreibt Paulus. Nicht, als ob sie irgendwelche liturgischen Vorschriften übertreten, Gebete ausgelassen hätten oder ähnliches, nein, sie hatten »nur« nicht mit den Armen geteilt[7].

Wenn nun dies das entscheidende Kriterium ist, gilt dann vielleicht das Pauluswort auch für unsere Messen: »Das ist keine Feier des Herrenmahles mehr!«? Teilen denn wir, die braven Gottesdienstteilnehmer, unseren Wohlstand, unsere Zeit, unseren Lebensraum mit den Armen bei uns, den Arbeitslosen, den Kranken, den Alten, den Ausländern . . .? Noch bedrängender kommt mir die Frage nach der Tischgemeinschaft mit der Dritten Welt vor. Spielen wir nicht dauernd das schlimme Spiel der reichen Korinther? Die Frage betrifft ebenso mich als wirtschaftlich gut abgesicherten einzelnen wie unsere immer noch sehr reiche deutsche Kirche als ganze. Groß geworden in der Wachstumsmentalität der Nachkriegszeit, werde ich lernen müssen, mich nicht mehr vornehmlich von der Frage leiten zu lassen: »Was kann ich mir leisten?«, sondern immer mehr von der anderen: »Was *darf* ich mir leisten? Was können meine Geschwister in der Dritten Welt von mir erwarten?« Ich gestehe, daß ich an dieser Stelle in große Verlegenheit gerate.

Was unsere Kirche in Deutschland betrifft, so möchte ich nur an zwei Sätze aus dem Synodenbeschluß »Unsere Hoffnung« erinnern: Dort heißt es unter der Überschrift »Für die Tischgemeinschaft mit den armen Kirchen«: »Wir dürfen [. . .] nicht zulassen, daß das kirchliche Leben in der westlichen Welt immer mehr den Anschein einer Religion des Wohlstandes und der Sattheit erweckt, und daß es in anderen Teilen der Welt wie eine Volksreligion der Unglücklichen wirkt, deren Brotlosigkeit sie buchstäblich von unserer eucharistischen Tischgemeinschaft ausschließt.

[7] Der Abschnitt 1 Kor 11,17–34, eignet sich besonders gut zum Einstieg in die Eucharistietheologie, nicht zuletzt wegen der in dieser Perikope sichtbar werdenden Theorie-Praxis-Beziehung: Als Kritik einer schlechten Gemeindepraxis formuliert Paulus sein Eucharistieverständnis. Eine knappe, aber aufschlußreiche Texterschließung bietet *A. Kassing*, In würdiger Weise. Zu Verständnis und Vollzug der Eucharistie nach 1 Kor 11,17–34, in: Liturgisches Jahrbuch 17 (1967) 193–203. Vgl. auch *P. Neuenzeit*, a.a.O.

Denn sonst entsteht vor den Augen der Welt das Ärgernis einer Kirche, die in sich Unglückliche und Zuschauer des Unglücks, viele Leidende und viele Pilatusse vereint und die dieses Ganze die eine Tischgemeinschaft der Gläubigen, das eine Volk Gottes nennt« (IV, 3). Eine solche unverbindliche und im Grunde heuchlerische Tischgemeinschaft wäre allerdings weit entfernt von einer Zusammenkunft im Namen Jesu.

Opfer

Von hierher versteht sich fast von selbst, daß eucharistische Gemeinschaft immer auch Opfer bedeutet[8]. Paulus sagt sogar: »Sooft ihr von diesem Brot eßt und aus dem Kelch trinkt, verkündet ihr den *Tod* des Herrn« (1 Kor 11,26).
Manche in der Kirche meinen, deshalb solle man überhaupt lieber vom »Meßopfer« reden als vom »Mahl«. »Mahl« sei ein zu harmloses Wort. Ich sehe das nicht so. Das Mahl ist das Zeichen der Zuwendung, der Liebe. Jede Liebe aber hat ihren Preis. Das weiß jeder, der sich jemals liebend auf andere eingelassen hat. Das spüren schon junge Menschen, wenn sie eine Partnerbeziehung aufbauen; das erfahren Eltern, wenn sie ein gut Teil ihres Lebens für ihre Kinder aufwenden; das sehen wir an den großen sozialen Gestalten wie *Mutter Teresa* (»Lieben, bis es weh tut!«) oder *Maximilian Kolbe,* der sich umbringen ließ, um einem Mitgefangenen in Auschwitz das Leben zu retten. Dafür spricht das Schicksal Jesu, dem wegen seiner Zuwendung zu den Sündern der Prozeß gemacht wurde. Die Liebe ist überhaupt nichts Harmloses. Sie ist – obwohl sie das Großartigste und Schönste

---

[8] Der »Opfer«-Gedanke, im neuzeitlichen katholischen Meßverständnis stark dominierend, ist einer der Hauptkontroverspunkte zwischen römisch-katholischer und reformatorischer Theologie. Heute scheint er zudem innerhalb der katholischen Theologie in einer gewissen Spannung zur Konzeption der Messe als Mahlfeier zu stehen. Für die gegenwärtige Diskussion, aber auch für den exegetischen und kirchengeschichtlichen Befund vgl. *K. Lehmann/E. Schlink* (Hrsg.), Das Opfer Jesu Christi und seine Gegenwart in der Kirche. Klärungen zum Opfercharakter des Herrenmahles, Freiburg i. B./Göttingen 1983.

ist, das man sich denken kann – höchst gefährlich. Sie bedeutet Selbsthingabe. In letzter Konsequenz ist Liebe ein Stück Sterben[9]. Deshalb ist das Mahl ein Opfer. Aber wohlgemerkt: Nicht als ob das Opfer, der Verzicht oder gar der Tod in sich selber wertvoll wären – das Wertvolle, um dessentwillen das Opfer gebracht wird, ist die Liebe, die im Mahl dargestellte Gemeinschaft.

Das hat Konsequenzen für die Atmosphäre der eucharistischen Feier und für die »Grundstimmung« christlichen Umgangs miteinander. Beide brauchen nicht beherrscht zu sein von einem heroischen Ernst oder gar von der Lust am Leiden, sie sollen bestimmt sein von einer Liebe, die auch das Opfer nicht scheut, und von der Freude darüber, daß solche Liebe möglich ist, daß die Liebe stärker ist als der Tod.

Dank, Erinnerung

»Eucharistia« heißt Danksagung. Auch darauf weist uns schon die äußere Form der Messe hin. Das Hochgebet in ihrer Mitte (von der Präfation bis zum Vaterunser) ist ein großes Dankgebet. Deshalb wird es ja auch eingeleitet mit der Aufforderung: »Lasset uns danken dem Herrn unserem Gott!« Mitten im Danken wird dann erinnernd erzählt: von Jesus, der den Armen die Botschaft vom Heil brachte, den Gefangenen Befreiung, den Trauernden Freude . . ., und von seinem letzten Mahl, wie er am Abend, da er ausgeliefert wurde, das Brot nahm, dankte, es brach . . .

Daran wird erkennbar: Diese ganze Feier, ja unser ganzes Christentum, das sich in dieser Feier in konzentrierter Form darstellt, das alles verdanken wir einem Ursprung, der uns vorausliegt. Das bedeutet eine große Entlastung. Das, was wir hier tun, der Aufbau der Tischgemeinschaft, und all das, was darin dargestellt wird, die Annahme des anderen, die Versöhnung, das Teilen, die Liebe und auch das Opfer, das ist – Gott sei Dank! – nicht unsere

---

[9] Darüber ausführlicher: *F.-J. Nocke*, Liebe, Tod und Auferstehung. Über die Mitte des Glaubens, München 1978, bes. 93–141; 165 ff.

eigene Erfindung. Es ist schon vor uns da, eine Bewegung, die nicht wir erst in Gang bringen, sondern auf die wir uns nur einzulassen brauchen. Wir sind schon längst von Gott angenommen. Seine Liebe ist schon ausgegossen in unsere Herzen (vgl. Röm 5,5). All die vorhin genannten ethischen Verpflichtungen sind natürlich ernst zu nehmen; aber es macht doch einen Riesenunterschied aus, ob wir uns für die Macher halten, die alles aus sich heraus schaffen müssen, oder ob wir uns als Mitwirkende betrachten dürfen bei einem Werk, das ein Größerer schon vor uns begonnen hat und das er letzten Endes auch zur Vollendung führen wird.

Hoffnung

Damit sind wir beim letzten Punkt. Die Eucharistie feiernde Gemeinde ist eine Hoffnungsgemeinschaft. Sie schaut nicht nur dankend zurück, sie »erinnert« auch an eine verheißene, noch ausstehende Zukunft: ». . . bis du kommst in Herrlichkeit«. Die Eucharistie soll nicht nur die gegenwärtige Wirklichkeit abbilden (dann würden wir ja dauernd unser Konto überziehen), sondern sie stellt uns auch die erhoffte Zukunft vor Augen: die liebende Gemeinschaft der Menschen in einer ganz und gar versöhnten Welt. Die Bibel gebraucht auch dafür das Bild von einem großen Festmahl, zu dem Gott am Ende aller Zeiten die Menschheit versammelt (vgl. Jes 25,6; Mt 22,1–13; 25,1–13; Lk 22,16; Offb 19,9). Eucharistie feiern heißt auch, den Glauben an und die Hoffnung auf diese Zukunft ausdrücken. Hoffnung bedeutet natürlich nicht passives Abwarten. Hoffnung setzt uns in Bewegung. Sie gibt uns ein Ziel und läßt uns Schritte auf dieses Ziel hin tun. Gleichzeitig befähigt sie uns dazu, es auszuhalten, daß wir noch nicht am Ziel sind. Hoffnung erzeugt immer auch Spannung: zwischen der Gegenwart und der Zukunft.
Es gibt zwei Versuche, diese Spannung aufzulösen; beide vertragen sich nicht mit der Hoffnung: das einfache Sich-Abfinden mit dem Status quo einerseits und der Perfektionismus andererseits.

Wer sich abfindet, mit sich selbst, mit der Welt, mit unserer Kirche, so wie diese nun eben einmal sind, und einfach die Hände in den Schoß legt, der hat das Licht der Hoffnung schon ausgelöscht. Aber auch wer die Perfektion will, wer meint, man dürfe erst Eucharistie feiern, wenn alle Antipathien überwunden sind, wenn alle Gerechtigkeit hergestellt ist, wenn alle Teilnehmer hundertprozentig vom Geist Jesu durchdrungen sind, der hält die Spannung nicht aus, welche der Hoffnung eigen ist. Konsequenterweise dürften wir dann ja niemals Eucharistie feiern.

Dieser Gedanke müßte wohl auch in der Frage der Abendmahlsgemeinschaft zwischen katholischen und evangelischen Christen[10] eine größere Rolle spielen. Kann man wirklich erst dann gemeinsam das Abendmahl feiern, wenn alle theologischen Detailfragen geklärt sind und wenn die Einheit der Christen auch organisatorisch perfekt hergestellt ist? Selbstverständlich müssen wir an dieser Einheit noch weiter arbeiten: theologisch, atmosphärisch, im gemeinsamen praktischen Engagement und auch auf der Ebene des Institutionellen. Wer etwas von Geschichte versteht, weiß auch, daß man nicht alles von heute auf morgen erzwingen kann. Aber sollten wir nicht, gerade deshalb, auch auf die Eucharistie als Zeichen der Einheit setzen? Katholische Theologie betont doch, daß das sakramentale Zeichen nicht nur eine vorhandene Wirklichkeit abbildet, sondern daß sie das Dargestellte auch bewirkt. Nehmen wir den Glauben und die Hoffnung, die in dieser Überzeugung stecken, eigentlich genügend ernst? Mit anderen Worten: Wenn evangelische und katholische Christen im Glauben an Jesus Christus einig sind, wenn sie

[10] Vgl. *Th. Schneider,* Zeichen, 171–183; *M. Thurian,* Die eine Eucharistie, Mainz 1976; *H. Fries/K. Rahner,* Einigung der Kirchen – reale Möglichkeit, Freiburg i. B. 1983, bes. 139–156.
Neuere kirchliche Dokumente: *Gemeinsame römisch-katholische/evangelisch-lutherische Kommission,* Das Herrenmahl, Paderborn/Frankfurt a. M. 1978; Taufe, Eucharistie und Amt. Konvergenzerklärungen der *Kommission für Glauben und Kirchenverfassung des Ökumenischen Rates der Kirchen,* Paderborn/Frankfurt a. M. 1982, bes. 18–28.

sich in vielen Dingen ein Stück nähergekommen sind und in anderen noch eine größere Einheit suchen, dürfen sie dann überhaupt auf die gemeinsame Feier des Herrenmahles verzichten?

Was heißt »Vergegenwärtigung«?

In der Eucharistietheologie der letzten zwanzig Jahre hat man viel Aufmerksamkeit auf die Frage konzentriert, wie man verständlich und zugleich zutreffend über die Gegenwart Christi in Brot und Wein reden könne: Wie weit ist der Begriff »Transsubstantiation« noch brauchbar? Was bringen neue Begriffe wie »Transsignifikation« oder »Transfinalisation«? Soll man mehr vom Sein-an-sich (»Substanz«) oder mehr von der Beziehung (»Bedeutung«) her denken?... Das Ringen um begriffliche Klärung in dieser Frage war sicher die Mühe wert. Neue Bilder, Parallelen aus unserer Lebenserfahrung, kamen ins Gespräch; die Bedingtheit aller Formulierungen (der überlieferten ebenso wie der neueren) wurde deutlicher.

Aber die starke Beschäftigung mit diesem Fragenkomplex bringt auch eine Gefahr mit sich. Leicht verengt sich dadurch der Blick: Man konzentriert sich auf die eucharistischen Gaben *(Brot und Wein)* und übersieht, daß es in der Eucharistie um mehr geht (und daß die ältere Glaubenstradition auch mehr darüber zu sagen wußte):

– um die Gegenwart Christi in der versammelten *Gemeinde,* um deren Verwandlung also: eine Überzeugung, welche z. B. die scholastische Theologie dadurch ausdrückte, daß sie die Einheit des Leibes Christi (corpus Christi mysticum) als die eigentliche und letzte Wirkung des Sakraments (res sacramenti) bezeichnete und demgegenüber die Gegenwart Christi in Brot und Wein (corpus Christi verum) nur als sakramentale Zwischenwirkung (res et sacramentum),

– und um das Kommen des Herrn in der *ganzen Feier,* also ein dynamisches Geschehen, das mehr ist als punktuelle Gegenwart (was z. B. die griechischen Kirchenväter bezeugten, wenn sie von »Urbild« und »Abbild« sprachen und nicht einfach nur in Brot und Wein, sondern in der eucharistischen Feier als ganzer ein Abbild der Heilstat Christi, seiner Lebenshingabe und seiner Auferstehung, sahen).

»Vergegenwärtigung«

Wenigstens das letztere war wohl auch noch mitgemeint, wenn die neuscholastische Theologie die Messe eine »Vergegenwärtigung« des Kreuzesopfers nannte. Mit diesem Wort suchte man den Zusammenhang zwischen dem damals, zur Zeit Jesu, Geschehenen mit dem, was sich heute in der Eucharistie ereignet, zu formulieren und dabei gleichzeitig zwei unzureichende Interpretationen abzuwehren: die Vorstellung, die Eucharistie sei eine bloße Erinnerungsfeier, welche den Abstand zur erinnerten Geschichte allenfalls psychologisch überbrücke, und die (gegenteilige) Vorstellung, die Eucharistie sei eine Wiederholung, ein erneutes Opfer Christi, was die Einmaligkeit seines Lebens und Sterbens für uns, das »Ein-für-allemal« des Hebräerbriefes (Hebr 7,27; 9,12.26), entleeren würde. Freilich ist es mit dem einen Wort nicht getan. Was heißt das: »vergegenwärtigen«?
Ich erinnere mich an den Versuch meines Religionslehrers, uns die Sache mit Vergleichen aus der Technik nahezubringen: Eine *Tonbandaufnahme* kann uns etwas Vergangenes heute erleben lassen; eine *Originalreportage* (eine live-Sendung) verbindet uns näher mit dem Geschehen: jetzt sind wir, obwohl räumlich entfernt, dabei; bei der *Vergegenwärtigung* werde nun auch das noch überboten: nicht nur der Raum, sondern auch die Zeit werde überbrückt: Abendmahl, Tod und Auferstehung Jesu sind, obwohl »damals« geschehen, uns jetzt gleichzeitig, wir erleben es mit. Solche Vergleiche erscheinen mir nur begrenzt hilfreich. Bei mir hinterlassen sie mehr den Eindruck, es handele sich um eine Art höherer Mathematik, als um eine Einladung zum Glauben und Mittun.

Eine Annäherung an das Gemeinte ist aber auch mit anderen, mehr der Welt des Personalen entnommenen Analogien möglich. Das möchte ich mit einigen Strichen skizzieren. (Es geht also im folgenden nicht um die Entfaltung einer These, um Begründung und Argumentation, sondern nur um eine Formulierungshilfe). Ich gehe aus von einem biblischen Wort, das in der kirchlichen Tradition eine zentrale Bedeutung bekam: »*Gedächtnis*« (»Erinnerung«, lat: *memoria,* griech: *anamnesis,* im Hintergrund steht das hebr. *zakar;* vgl. Lk 22,19; 1 Kor 11,24f.; Ex 12,14; 13,3.8).

»Erinnerung«

Was geschieht, wenn wir uns an Vergangenes erinnern? Es kann sein, daß wir uns damit von einer schlimmen Vergangenheit absetzen. So spricht man z. B. bei einem üppigen Essen von den knappen Zeiten um 1945, von Krieg, Gefangenschaft usw., und ist froh, daß man zum Schluß sagen kann: »Gut, daß das alles vorbei ist!« Die erzählte Vergangenheit ist – Gott sei Dank! – vergangen; gerade das macht die Gegenwart gut. Auch das Reden von der »guten alten Zeit« kann Vergangenheit und Gegenwart trennen. Alles ist – leider! – nicht mehr wie damals.

Es gibt aber noch eine andere Weise, sich zu erinnern. Man spricht von einem Ereignis, das der Anfang einer neuen (heute geltenden) Wirklichkeit wurde. So erzählen zwei, die sich gut verstehen, von der Zeit, als sie sich kennenlernten und Freunde wurden. So »gedenken« Mann und Frau des Anfangs ihrer Liebe. Sie kommen gern auf die Worte und Zeichen zurück, die sie damals ausgetauscht haben, und erneuern gerade dadurch ihre Zusammengehörigkeit. So kann ein Gedenktag, wie etwa der Hochzeitstag, mehr sein als eine rein äußerliche Zeremonie. Die Feier ist Bejahung des Anfangs und der ganzen mit diesem Anfang eröffneten Geschichte. Das Gedenken holt den Anfang in die Gegenwart, macht, was damals anfing, neu lebendig, verwandelt die heute Feiernden und stiftet so Hoffnung für die

Zukunft. Wie bedeutsam solches Gedenken ist, sieht man besonders am negativen Fall. Hat einer von beiden den Gedenktag vergessen, kann der andere tief erschrocken sein: Ist es nun zu Ende? Gilt nicht mehr, was damals begann? Bei einem Besuch sah ich in einem Familienalbum ein mitten durchgerissenes Foto. Auf der herausgerissenen Hälfte war der Vater abgebildet gewesen; er hatte neben der Mutter gestanden. Die Eltern waren nun geschieden. Deshalb durfte die Erinnerung an die Nähe zwischen den beiden nicht mehr sein; das »Gedenken« war nicht mehr möglich.

Pascha-Mahl

Von hierher könnte man einen Zugang gewinnen zu dem, was beim jüdischen *Pascha-Mahl* geschieht. Israel gedenkt des Anfangs seiner Geschichte, des Aufbruchs aus der Sklaverei in die Freiheit. Man »spielt« die Nacht des Aufbruchs: stehend, gegürtet, mit dem Stab in der Hand (vgl. Ex 12,1–14; Dtn 16,1ff.). Das Essen in Eile, das geschlachtete Lamm, die ungesäuerten Brote, die bitteren Kräuter rufen jene Nacht in Ägypten in Erinnerung. Der Jüngste in der Tischrunde darf fragen: nach der Besonderheit dieser Nacht, nach der Bedeutung des Lammes, des Brotes, der Bitterkräuter. Und der Hausvater erzählt: vom Lamm, das die Väter in Ägypten schlachteten und dessen Blut sie an die Türpfosten strichen, damit der Engel Gottes ihre Häuser erkannte; vom Brot, das ungesäuert blieb, weil keine Zeit übrig war: in aller Eile wollte Gott sein Volk retten; von der Bitterkeit der Knechtschaft, welche die Väter in der Sklaverei erlebt hatten. Die Mahlteilnehmer hören die Worte, essen vom Lamm und den ungesäuerten Broten, spüren den bitteren Geschmack der Kräuter auf der Zunge. So wird ihnen jene Nacht des Anfangs gegenwärtig. »In allen Zeiten«, sagte eine Ordnung für die Pascha-Feier[1],

---

[1] Die Pessach-Hagada, Basel 1976, 29.

»ist jeder verpflichtet, sich zu betrachten, als ob er gleichsam selbst aus Ägypten gegangen wäre [...] Nicht nur unsere Väter hat der Heilige – gelobt sei er – erlöst, sondern auch uns mit ihnen.« Dieses dankende Erinnern (»Gedenken«) geschieht im Glauben daran, daß in dieser Stunde auch Gott seines Volkes gedenkt: daß er ihm aufs neue nahekommt, den Anfang wieder wahr macht, ihm erneut die Zukunft eröffnet. In Erzählung und Spiel, in Worten und Zeichen wird die Gegenwart mit dem Anfang verbunden, sie wird auf diese Weise verwandelt, und so wird neue Hoffnung für die Zukunft begründet[2].

Eucharistie

Ähnlich könnte man auch von dem sprechen, was in der *Eucharistie* geschieht. Menschen kommen zusammen, um dankbar ihrer durch Jesus Christus eröffneten Geschichte zu gedenken. Man bereitet ein Mahl, man spricht das Dankgebet über Brot und Wein, man bricht das Brot, teilt Brot und Wein, »spielt« das Abendmahl. (Wo unsere stark stilisierte Liturgie etwas breiter spielerisch entfaltet wird, da wird das Ganze plastischer und lebendiger.) Mitten im Dankgebet wird der Bericht vom Abendmahl vorgetragen, begleitet von entsprechenden Gesten des Priesters (er zeigt das Brot und den Kelch usw.): Was Inhalt der ganzen Feier ist, wird innerhalb der Feier nochmals in Kurzform erzählt und gespielt. *Joseph Pascher* hat diese Komposition der Feier mit der Struktur jener Dramen verglichen, in die – mitten im

---

[2] Die Frage, ob nach jüdischem Verständnis die Vergangenheit in die Gegenwart geholt wird (wie im christlichen Eucharistieverständnis) oder ob umgekehrt die Gegenwart an die Vergangenheit angenähert wird (was die oben aus der Pessach-Hagada zitierte Formel nahelegt) oder ob schließlich bei der Vergegenwärtigung des vergangenen Ereignisses doch auch der zeitliche Abstand wichtig bleibt, damit Heilsgeschichte *als Geschichte* begriffen werden kann, soll hier unerörtert bleiben. Vgl. dazu die unten, Anm. 4, genannten Titel.

Stück – ein Kurzdrama eingeschaltet wird, das denselben Gegenstand behandelt wie das Hauptdrama (vgl. z. B. *Shakespeare*, Hamlet, III, 2). »Durch dieses Kunstmittel wird die Haupthandlung in gewissen Grundzügen plastisch herausgearbeitet und in die Entscheidung geführt. Zugleich wird aber die dem Drama innewohnende Vergegenwärtigungstendenz verstärkt.«[3] So kann also auch die Eucharistie als vergegenwärtigendes Spiel verstanden werden. Daß die erinnernde Erzählung (das »Drama im Drama«) gerade innerhalb des Dankgebetes erfolgt, verdeutlicht noch einmal, daß es sich nicht um irgendeine, sondern um dankende, bejahende Erinnerung handelt, um »Gedächtnis«: Vergegenwärtigung.

Solches Spiel ist auf seiten derer, die sich ernsthaft darauf einlassen, immer schon mehr als bloßes »Als ob«. Es macht das Gespielte, Erinnerte zu ihrer eigenen Wirklichkeit. Nun liegt aber die erste Initiative zu diesem Gedenken nicht bei den heute versammelten Menschen, sondern bei dem, der den Auftrag gab: »Tut dies zu meinem Gedächtnis!« Deshalb darf man glauben: In dieser Feier kommt er selbst. Er selbst (wenn es erlaubt ist, so zu reden) spielt dieses Spiel mit. Richtiger: er bringt dieses Spiel überhaupt in Gang. *Er* lädt ein, und *er* trägt das Gedenken. Durch ihn wird die Feier zu einer wirklichen Vergegenwärtigung des Anfangs. Es ist *seine* liebende Zuwendung, *seine* Lebenshingabe (praktiziert in den Jüngermahlzeiten und vielen anderen Gesten und Worten des historischen Jesus, radikal zusammengefaßt in letztem Abendmahl, Kreuzestod und Auferstehung), welche heute für die zur Feier Versammelten Wirklichkeit werden. *Seine* Liebe ergreift und verwandelt die Gemeinde, die seiner gedenkt. Deshalb ist diese Vergegenwärtigung mehr als ein Geschehen, das sich einseitig nur in unserem Bewußtsein abspielte. Es ist wirkliche Begegnung mit Jesus Christus, mit ihm selbst, nicht nur mit unserer eigenen Erinnerung an ihn. Er selbst gedenkt des Anfangs: er

---

[3] *J. Pascher,* Eucharistia. Gestalt und Vollzug, Münster/Freiburg i. B. 1953, 143.

kommt und bringt seine Geschichte mit. Es ist nicht so, als ob wir auf eigene Initiative mühsam unsere Verwandlung erarbeiten müßten, sondern wir können uns einlassen auf die Verwandlung, die von seinem Kommen ausgeht[4].

---

[4] Kleiner Literaturhinweis zum Thema »Gedächtnis«: *P. Neuenzeit, Das Herrenmahl. Studien zur paulinischen Eucharistieauffassung*, München 1960, 136–146; *J. Pascher,* a.a.O., 134–153; *H. Zirker,* Die kultische Vergegenwärtigung der Vergangenheit in den Psalmen, Bonn 1964, bes. 95–118; *W. Schottroff,* Art. *zkr,* in: Theol. Handwörterbuch zum AT, hrsg. v. *E. Jenni* u. *C. Westermann.* Bd. I, München/Zürich 1978, 507–518, bes. 516f.; *H. Patsch,* Art. *anamnesis,* in: Exegetisches Wörterbuch zum NT, hrsg. v. *H. Balz* u. *G. Schneider.* Bd. I, Stuttgart 1980, 203ff.

Vielfältige kirchliche Bußpraxis

»Hätte er uns lieber vom Beichten erlöst!«
(Anfragen an die überkommene Praxis und
Verkündigung)

Joseph Wittig, katholischer Theologieprofessor in Breslau, war
ein Meister der erzählenden Theologie. In seinem berühmt
gewordenen Aufsatz »Die Erlösten«, 1922 im »Hochland«
erschienen, erzählt er aus seiner eigenen Schulzeit, also aus einer
Zeit, die jetzt mehr als hundert Jahre zurückliegt. Manches in
dieser Erzählung ist sicher typisch für eine heute vergessene Zeit:
z. B. der Pferdestall, in dem die Schulklasse untergebracht war,
weil die Volksschule zu klein geworden war, und die Stock-
schläge, die es auf die Hand gab. Aber doch wohl nicht alles.
Lesen wir eine etwas längere Passage aus diesem Aufsatz:
»Wir lernten die Geschichte von der Verkündigung Mariens und
wie der Engel sprach: ›Er wird sein Volk erlösen von seinen
Sünden.‹ Glücklicherweise gab uns gerade der Lehrer die Bibel-
stunde, nicht der geistliche Herr, den wir nie fragen mochten, ja
zu fragen ganz für ausgeschlossen, unnötig, lächerlich fanden, da
er ja doch alles gut, alles vollständig, alles unfehlbar sagte. Den
Lehrer hielten wir zwar auch für unfehlbar, aber er schnupfte,
war also menschlichen Dingen zugänglich. Als er uns von dem
großen Glück der Erlösung sprach und immer wieder das Wort
des Engels einfließen ließ: ›Er wird sein Volk erlösen von seinen
Sünden‹, hob mein ›Nebenmann‹, der kleine Roter Heinrich, die
Hand und fragte: ›Da können wir also nicht mehr sündigen?‹ Er
fragte beinahe im Tone des Bedauerns; denn er stellte sich das
Sündigen nach der Schulzeit sehr schön vor. Der Lehrer war eine
Zeitlang ganz still und dachte nach. Dann stellte er die Gegen-

frage: ›Kann ich dich aus dem Gefängnis erlösen, wenn du noch nicht darin warst, Roter Heinrich?‹ Mein anderer Nachbar, der Beyer Paul, der mich unterdes angestoßen und mir mit einem Seitenblick auf den Lehrer zugeflüstert hatte: ›Du, da weß's ne!‹, sprang jetzt auf und rief: ›Der Roter Heinrich hat schon oft gesündigt, er tut bloß so.‹ Damit war leider der theologische Diskurs gestört; der Beyer Paul bekam erst zwei auf die Hände, und der Lehrer konnte uns nun ungestört das ›Resumee‹ der Verhandlungen mitteilen: ›Jesus hat uns von der Sünde erlöst, indem er uns die Möglichkeit gab, durch das Sakrament der Taufe und der Buße Verzeihung unserer begangenen Sünden zu erlangen.‹

Besonders glücklich waren wir über diese Erklärung nicht. Beyer Paul, der sich noch die Hände rieb, murmelte: ›Hätte er uns lieber vom Beichten erlöst!‹

Diese Plänkelei in der Schule war nun ja ganz gewiß sehr unbedeutend für die Geschichte der Theologie. Aber unbemerkt von Lehrer und Schülern waren uralte, unzufriedene, verrottete Fragen aus den Tiefen der Menschheit aufgestiegen und waren durch den einstigen Pferdestall geschlichen und hatten dämonisch gelacht, daß sie nicht beantwortet werden konnten.

Auf dem Nachhausewege ging ein heftiger Dezembersturm. Die Dämonen hatten von allen Jungen mich ausgewählt, um mit mir den langen, einsamen Weg zu gehen. Und sie sprachen zu mir: ›Die Menschen glauben, daß sie von der Sünde erlöst sind, aber sie sündigen doch sehr viel; sie müssen ja sooft zur Beichte gehen. Sie sündigen gern, aber beichten gehen sie nicht gern. Sie möchten gar nicht gern so erlöst sein. Nein, der Heiland hat es nicht fertig gebracht, sein Volk zu erlösen von seinen Sünden! Die Sünde hat er nicht beseitigt, er hat nur ein neues Leiden gebracht, nämlich das Beichten.‹

Ich antwortete: ›Aber wenn ich beichte und dann gleich sterbe, dann bin ich von der Sünde erlöst für alle Ewigkeit!‹

›Ja: wenn, wenn!‹ riefen die Dämonen. ›Wenn du tausend mal tausend Taler hättest, wärest du ein Millionär.‹

Da kam der Heiland einher, so von der Seite, daß ich ihn nicht gerade sah, aber doch wußte, daß er bei mir war. Ich flehte ihn an: ›Sage mir: Bin ich erlöst?‹

›Vertrau auf mich!‹ antwortete er mir.

Der Dezembersturm hörte auf zu heulen. Über den schwarzen Wolken war der Himmel und im Himmel ›sein Volk‹, die Erlösten Jesu Christi.

Aber da drüben am Busch, da wühlte der Sturm noch. Da stand der Baum, an dem sich der alte Zobel erhängt hatte. Der war auch katholisch gewesen und war sogar alle Sonntage in die Kirche gegangen. Als er sich aufhing, war auch ein so starker Sturm ausgebrochen wie immer, wenn sich einer erhängt. Nun zischte er von drüben herüber: ›Siehst du, siehst du!‹

Warum hat Jesus nicht die ganze Welt erlöst? Da beten doch die alten Frauen beim Kreuzwege falsch! Sie lügen, denn sie glauben selber nicht, daß der alte Zobel erlöst ist, während gerade der ungläubige Riedel Heinrich immer von dem alten Zobel sagt: ›Der ist gut aufgehoben!‹ Was ist das für ein Widerspruch: Die Ungläubigen glauben, hoffen und segnen, die Gläubigen haben Angst und sagen: ›Wer sich erhängt, kommt in die Hölle, auch wenn er alle Sonntage in die Kirche ging!‹«[1]

Heute dürfte es nicht mehr allzu viele Kinder geben, die von der Pflicht zur Beichte geplagt sind. Auch die meisten Erwachsenen, darunter auch kirchlich stark Engagierte, haben die Praxis des Beichtens weitgehend aufgegeben. Aber zum Teil mit schlechtem Gewissen, mit dem Bewußtsein, dadurch ein Vakuum geschaffen zu haben, das sie nicht wieder füllen konnten. Wenn also in Joseph Wittigs Erzählung auch manches Zeugnis einer vergangenen Zeit ist, so bleiben doch die »uralten, verrotteten Fragen«: Auf der einen Seite Menschen, die mit ihrem Leben nicht zurechtkommen, wie der alte Zobel. Im Gegensatz zu der Behauptung mancher Kritiker der Gegenwart, der Mensch von

---

[1] *J. Wittig,* Die Erlösten, in: Hochland 19/2 (1922) 1–26, hier 3 ff. Dieser Aufsatz löste damals heftige kirchenamtliche Kritik aus. 1925 wurden mehrere Schriften von Joseph Wittig indiziert, 1926 wurde er selbst exkommuniziert. 1946 wurde die Exkommunikation ohne Vorbedingungen aufgehoben.

heute sei unbußfertig und selbstgerecht, scheint mir nämlich, daß gerade der heutige Mensch ein starkes Bewußtsein seiner eigenen Gebrochenheit, Zerrissenheit, Fehlerhaftigkeit, Schuldverstrikkung hat. Auf der einen Seite also Erlösungsbedürftigkeit, auf der anderen Seite eine kirchliche Praxis, die wenig erlösend wirkt. Auch das von Joseph Wittig angesprochene merkwürdige Sündenverständnis dürfte vielen heute noch geläufig sein: die Vorstellung, Sünde sei etwas, was an sich angenehm und schön ist, aber leider durch Gott oder durch die Kirche verboten. Im heutigen Bewußtsein spielt aber auch das andere eine wesentliche Rolle: die Vermutung, daß »der Heiland«, daß Jesus eine ganz andere Tonart anschlagen würde, als wir sie in der Kirche gewöhnlich hören.

Zusätzlich sind neue Fragen hinzugekommen. Wir wissen heute mehr als früher um die psychischen und sozialen Bedingtheiten unseres Verhaltens. Wir sind uns bewußt, daß Verwundungen, Fehlentwicklungen der frühen Kindheit, Verführung und Verblendung durch das Milieu, in dem wir leben, unser Verhalten so prägen, daß wir uns dem oft gar nicht entziehen können. Angesichts einer Bußerziehung, in der sehr deutlich abgehoben wurde auf einzelne Taten, für die man frei verantwortlich ist, fragt man sich: Muß ich diese beiden Größen so genau auseinanderhalten? Was ist, wenn mir diese Unterscheidung in der konkreten Reflexion über mein Leben nicht gelingt: wenn mir das Böse, das mir gesellschaftlich und lebensgeschichtlich vorgegeben war und mich schon vor meiner willentlichen Stellungnahme prägte, und das, was ich persönlich zu verantworten habe, ineinanderfließen?

Das Problem ist auch größer geworden dadurch, daß wir Tatbestände als Sünden entdeckt und entlarvt haben, die man früher so nicht nannte, die auch nicht im Beichtspiegel standen. Nur ein kleines Beispiel: Meine Großmutter war sicher eine fromme und gewissenhafte Frau. Über ihrem Lebensmittelladen, mit dem sie sich gerade über Wasser halten konnte, hatte sie aber stolz die Schrift anbringen lassen: »Kolonialwaren«. Das würden wir heute so nicht tun, weil wir bei dem Wort »Kolonie« sofort ein schlechtes Gewissen bekommen. Das Wort schon ist ein Symbol für Ausbeutung. Wir sind uns heute viel mehr bewußt, daß wir verstrickt sind in ein Netz von Ungerechtigkeiten, verstrickt eh wir das überhaupt merken. Oft sind wir dem gegenüber ratlos. Wir können nicht sagen, ich fasse jetzt den guten Vorsatz, nicht mehr zu sündigen, und dann ist die Sache damit erledigt. Wir wissen noch gar nicht, wie das gehen soll, dieses »Nicht-mehr-Sündigen«. Aber gerade so, denke ich, sind wir aufs neue angewiesen auf Erlösung. Wie da herauskommen? Bezieht sich christliche Erlösung auf dieses ganze Knäuel von Problemen, oder bezieht sich Erlösung auf einen genau abgegrenzten Sektor: Erlösung von den frei getanen und einzeln zu benennenden Sünden? Und wie könnte angesichts dieser Probleme kirchliche Bußpraxis hilfreich sein?

Werfen wir kurz einen Blick ins Neue Testament und in die Kirchengeschichte, um Maßstäbe für heute vertretbare Antworten zu gewinnen.

Akzente in der Verkündigung Jesu

An erster Stelle: nicht eine moralische Forderung, sondern eine Einladung

In der Verkündigung Jesu steht an erster Stelle nicht eine moralische Forderung, sondern eine Einladung. »Das Reich Gottes ist nahe gekommen, kehrt um!« – so faßt Markus die Botschaft Jesu zusammen (Mk 1,15). Der Indikativ ist das erste: »Das Reich Gottes ist nahe gekommen.« Und erst das zweite der Imperativ, der Aufruf: Jetzt kehrt um! Jetzt dreht euch rum, daß ihr's mitkriegt. Das erste ist die große Chance; ein neues, lohnendes Leben wird angeboten. Und erst das zweite ist die Aufforderung: Greift zu! So ist es auch in den Gleichnissen vom Schatz im Acker und von der Perle (Mt 13,44ff.). In seiner Freude über den großartigen Fund geht der glückliche Mann hin und verkauft alles, was er hat, und kauft jenen Acker. Zuerst ist die Freude, etwas Großartiges gefunden zu haben, und dann, fast wie von selbst, kommt die Verhaltensänderung. Ganz deutlich ist das auch in der Erzählung von Zachäus (Lk 19,1–10). Es fängt damit an, daß Jesus seine Nähe, seinen Besuch völlig ohne Vorleistungen anbietet, und daraufhin ist dieser Oberausbeuter wie umgewandelt. Jesus sagt nicht, wenn du dich änderst, dann komme ich in dein Haus, sondern er kommt, hält Tischgemeinschaft mit ihm, und das wandelt den Zachäus um.

Das bedeutet für die Struktur christlicher Verkündigung und christlichen Glaubens: Es fängt nicht damit an, daß wir uns reinigen von der Schuld, und danach werden wir belohnt durch die Gemeinschaft mit Gott (eine Vorstellung, die früher in der Kombination von Bußkatechese und Kommunionkatechese eine Rolle spielte), sondern im Sinne des Evangeliums geht dem Aufruf zur Umkehr die Einladung zum Reich Gottes voraus. Hinführung zur Buße setzt voraus, daß wir zuerst die Chance eines neuen, schöneren, reicheren Lebens aufzeigen.

Befreiung des ganzen Menschen

Jesus zielt nicht isoliert auf die Befreiung von der Sünde, sondern auf die Heilung des ganzen Menschen. Die Evangelien enthalten zahlreiche Erzählungen von Krankenheilungen (von Blindheit und Taubheit, von Aussatz und Tod, von Besessenheit, von bösen Geistern), und dem gegenüber gibt es eine einzige Geschichte, in der ausdrücklich von Sündenvergebung die Rede ist (Mk 2,1–12). Es geht Jesus um die Heilung des ganzen Menschen, von allem, was den Menschen unmenschlich macht, was ihn entfremdet, was macht, daß er nicht zu seiner vollen Würde, zu seinem vollen Sinn kommt. Auch (aber nicht nur) von der Sünde.

Besonders aufschlußreich scheinen mir in diesem Zusammenhang die Erzählungen von der Befreiung von Besessenheit zu sein. Sie zeigen nämlich, wie fließend die Übergänge zwischen Krankheit und Schuld sind. Der »Besessene« ist böse, aber er kann nichts dafür, er ist im Griff einer bösen Macht, die ihn bös macht. »Zwänge«, würden wir vielleicht sagen. Jesus zeigt sich nicht daran interessiert, Zwänge und Sünde auseinanderzudividieren; worum es ihm geht, ist, den Menschen frei zu machen.

Das kommt auch zum Ausdruck in der Geschichte von der Heilung des Gelähmten (Mk 2,1–12). Der Gelähmte wird zum Schluß geheilt: »Steh auf, nimm dein Bett und geh nach Haus!« Aber vorher sagt Jesus zu ihm, obwohl zunächst gar nicht davon die Rede war: »Die Sünden sind dir vergeben!« Eine Heilungserzählung und eine Sündenvergebungserzählung sind vom Evangelisten ineinanderkomponiert. Und darin scheint eine theologische Aussage zu stecken: Es gibt ein Ineinander, das wir oft gar nicht auseinanderbekommen.

Christliche Verkündigung darf nicht ein isoliertes Interesse an Schuldüberwindung haben, sondern muß ein Interesse haben an der Gesamtbefreiung des Menschen. Christliche Buße braucht sich nicht abzuquälen mit der Unterscheidung zwischen Schuld und Unvermögen. Das ganze Gewirr von ungünstigen Voraussetzungen, schlechten Einflüssen, verpaßten Chancen und schuldhaftem Versagen ist Gegenstand christlicher Buße. Buße ist die Bereitschaft, sich heilen zu lassen.

Die Bedingung: auch anderen vergeben!

Wir beten im Vaterunser: »Vergib uns unsere Schuld, wie auch wir vergeben unseren Schuldigern.« Diesen Zusatz finde ich aufregend. Wir sagen Gott, er soll uns nicht mehr vergeben, als wir anderen vergeben. Es ist die einzige Bitte im Vaterunser, die Matthäus in seiner Bergpredigt eigens verstärkt durch einen Zusatz: »Denn wenn ihr den Menschen ihre Verfehlungen vergebt, wird euer himmlischer Vater auch euch vergeben. Wenn ihr aber den Menschen nicht vergebt, wird euer Vater eure Verfehlungen auch nicht vergeben« (Mt 6,14f.). Das Geschenk der Vergebung ist gebunden an die Bereitschaft, anderen zu vergeben.

Wieso eigentlich? Geizt Gott mit seiner Barmherzigkeit? Ich denke, das liegt an der Natur der Versöhnung selbst. Ich werde versöhnt, wenn ich Gottes Versöhnung auch durch mich hindurchströmen lasse. Man kann sich das vielleicht an einem Bild etwas verdeutlichen: In Israel speist der Jordan zwei Seen, den See Genezareth und das Tote Meer. Der See Genezareth hat klares, süßes, fischreiches Wasser. Das Tote Meer ist salzig, brühig, Lebewesen können sich dort nicht halten. Woher dieser Unterschied? Durch den See Genezareth fließt der Jordan hindurch, der See gibt das Wasser wieder ab und bleibt dadurch lebendig. Das Tote Meer gibt kein Wasser weiter und ist tot. So ähnlich muß es wohl sein mit der Versöhnung. Versöhnung, Vergebung, Schalom, Friede muß weiterfließen. Wenn wir es sozusagen in uns stagnieren lassen, wird es »tot«. Es gibt keine Versöhnung, Vergebung, Erlösung nur für mich, nur für meine Seele. Christliche Buße darf nie nur ausschließlich das Heil des einzelnen anzielen. Es gibt keinen Frieden ohne Versöhnung mit dem anderen.

Die persönliche Aussöhnung hat Vorrang vor dem Kult

»Wenn du deine Gabe zum Altar bringst und dir dabei einfällt, daß dein Bruder etwas gegen dich hat, so laß deine Gabe dort vor dem Altar liegen, geh zuerst hin und versöhne dich mit deinem Bruder und dann komm und opfere deine Gabe!« (Mt 5,23 f.). Damit relativiert Jesus jede kultische Handlung gegenüber der Pflicht, sich mit dem Bruder dort an der Stelle, wo man sich von ihm getrennt hat, zu versöhnen. Vorrang vor allem anderen hat die persönliche Aussöhnung mit dem Bruder. Über alle anderen Bußformen kann man als Christ diskutieren, aber über eine nicht: die Aussöhnung mit dem Bruder oder mit der Schwester, wo immer sie möglich ist.

Realisierungen in den neutestamentlichen Gemeinden

Wie haben die neutestamentlichen Gemeinden versucht, die Botschaft Jesu zu realisieren? Sie waren ja nicht Gemeinden von makellosen Menschen, sondern Gemeinden von Sündern, ganz ähnlich wie wir heute.

Taufe zur Vergebung der Sünden

Das Sakrament der Versöhnung ist die Taufe. »Taufe zur Vergebung der Sünden« ist eine fast stereotype Formulierung. Aufschlußreich ist das 2. Kapitel der Apostelgeschichte: Auf die Pfingstpredigt des Petrus folgt der Apell: »Ändert euern Sinn, und ein jeder empfange die Taufe auf den Namen Jesu [. . .] zur Vergebung der Sünden!« Das Kapitel geht dann über in einen Bericht über das Leben in der Gemeinde. Taufe ist vor allem Aufnahme in die Gemeinde. Und die Gemeinde – richtiger müßte man wahrscheinlich sagen: »das In-der-Gemeinde-Leben« – ist das Sakrament der Vergebung. Wieso? Das wird vielleicht etwas deutlicher in dem nächsten Punkt.

Gemeinde als Raum gegenseitiger Hilfe

Im ersten Thessalonicherbrief finden wir folgende kurze Anweisung des Paulus: »Brüder, weist die zurecht, die ein zügelloses Leben führen, ermutigt die Kleinmütigen, nehmt euch der Schwachen an, seid langmütig gegen alle« (1 Thess 5,14). Ein kleiner Fächer von Anweisungen, wie man mit den Sündern in der Gemeinde umgehen soll. Ganz unterschiedlich! Da gibt es solche, die – wie es heißt – ein zügelloses Leben führen, und denen soll man einen Rippenstoß geben, damit sie zur Besinnung kommen. Da gibt es aber andere, die Kleinmütigen, die sagen: Ich schaff es nicht, aus mir wird nichts. Die soll man nicht kritisieren und sie damit nochmals ducken, sondern man soll ihnen Mut machen. Und da gibt es noch andere, die werden die Schwachen genannt. Die soll man einfach ertragen. Sie sollen sich angenommen sehen, ertragen. Wenn sie erst einmal spüren, sie sind mitgetragen, wird sie das vielleicht verwandeln. Je nachdem, was der einzelne braucht! Auf jeden Fall aber geht das Versagen des einen die anderen etwas an. Nicht etwa, damit die Gemeinde klare Grenzen ziehe, damit man wüßte, wo die Freundschaft aufhört, sondern damit die wieder zurechtkommen, die sich auf einen falschen Weg begeben haben. Und gerade weil man ihnen helfen möchte, muß es eine differenzierte Praxis sein.

Im Galater-Brief lesen wir: »Wenn einer sich zu einer Verfehlung hinreißen läßt, so sollt ihr ihn im Geist der Sanftmut wieder auf den rechten Weg bringen. Einer trage des anderen Last, auf diese Weise erfüllt ihr das Gesetz Christi« (Gal 6,1 f.). Dieser Satz »Einer trage des anderen Last« wird oft im Zusammenhang karitativer Hilfe gebraucht, und das ist sicher nicht falsch. Aber sein primärer Zusammenhang ist der der Schuld. »Einer trage des anderen Schuld«, die Sünde des einzelnen in der Gemeinde ist eine Last aller. Alle sollen mithelfen, sie zu überwinden.

Brüderliche Zurechtweisung hat Vorrang vor einem kirchenamtlichen Verfahren

»Wenn dein Bruder sündigt, dann geh zu ihm und weise ihn zurecht unter vier Augen. Hört er auf dich, so hast du deinen Bruder gewonnen. Hört er aber nicht, dann nimm einen oder zwei mit. Denn jede Sache soll durch den Mund von zwei oder drei Zeugen bekräftigt werden. Hört er auch auf sie nicht, dann sag es der Gemeinde. Hört er aber auch auf die Gemeinde nicht, dann sei er für dich wie ein Heide oder Zöllner.« Das ist die im Matthäus-Evangelium überlieferte »Gemeinderegel« (Mt 18,15 ff.). Sie nennt vier Stufen. Die erste Stufe wäre die beste. Wenn jemand in der Gemeinde sündigt, und ein anderes Gemeindemitglied spricht ihn darauf an, und wenn ihm das einleuchtet und er darauf eingeht und sein Verhalten ändert, dann soll alles gut sein. Nur wenn das nicht funktioniert, dann soll man vielleicht zwei oder drei mitnehmen, um das Gespräch ein wenig zu objektivieren. Und wiederum, wenn daraufhin der Sünder sich ändert, so soll es gut sein. Und wieder nur für den ungünstigeren Fall, daß auch das zu nichts führt, dann soll es vor die Gemeinde gebracht werden, mit dem Ziel, daß dieses Gemeindemitglied im Anblick der anderen bereit wird, sich zu ändern. Und nur, wenn er auch da noch hart bleibt, dann soll das letzte Mittel angewendet werden; er soll aus der Gemeinde ausgeschlossen werden. Für alle diese Begegnungen gilt aber das Wort, das dann wenige Verse später steht: »Wo zwei oder drei in meinem Namen versammelt sind, da bin ich mitten unter ihnen« (Mt 18,20). Mit anderen Worten: Überall dort geschieht Vergebung Gottes, Versöhnung mit Gott, wo solch ein Vorgang gelingt. Und wohlgemerkt: Der gelungenste Vorgang ist der auf der ersten Stufe. Die brüderliche Zurechtweisung, so könnte man zusammenfassen, hat den Vorrang vor einem kirchenamtlichen Verfahren. Nicht erst auf der letzten Stufe, wenn offiziell die Kirche ins Spiel kommt, kommt auch Gott ins Spiel.

Es ist eine enorme Verarmung, wenn in der Kirche nur noch die letzte Stufe praktiziert wird, wenn der Notfall zum Normalfall gemacht wird.

Der Extremfall: Ausschluß aus der Gemeinde – mit dem Ziel der Rückkehr

Dieser Notfall begegnet uns nicht nur in der Gemeinderegel des Matthäus. Im 1. Korintherbrief fordert Paulus, daß einer aus der Gemeinde ausgeschlossen werden soll (1 Kor 5,1–8). Im 2. Korintherbrief plädiert er für die Wiederaufnahme eines Sünders. (2 Kor 2,5–11. Ob es derselbe ist, weiß man nicht.) Das gibt es im Neuen Testament. Aber wohlgemerkt als letztes Mittel, sozusagen als letzte Form der Umkehrverkündigung gegenüber dem Bruder in der Gemeinde.

Zwei Ziele sind dabei erkennbar: Einerseits, daß der Betroffene gerettet wird. Darum schreibt Paulus auch im 2. Korintherbrief: Sie sollen den Bruder wieder aufnehmen, »damit er nicht in Betrübnis versinke« (2 Kor 2,7). Von hierher müssen wir unsere kirchliche Praxis kritisch befragen: Laufen wir nicht Gefahr, durch den Ausschluß von bestimmten Gemeindemitgliedern diese gerade in die »Betrübnis« hineinzustürzen, statt ihnen zu helfen zurückzufinden?

Das andere Ziel ist die Deutlichkeit der Gemeinde. Der schlechte Sauerteig verdirbt die ganze Gemeinde (vgl. 1 Kor 5,6). Dieser Gesichtspunkt erscheint uns heute auf den ersten Blick problematisch: Hätte Jesus einen Sünder aus seinem Jüngerkreis weggeschickt? Andererseits werden wir uns aber fragen müssen: Könnte es nicht sein, daß bestimmte Verhaltensweisen in der Gemeinde bewirken, daß die Gemeinde nicht mehr als Gemeinde Jesu erkennbar ist? Dazu ein kleines Beispiel: Vor einigen Jahren las ich in der Zeitung von der Exkommunikation eines Großgrundbesitzers in Brasilien. Auf dessen schier unübersehbaren Ländereien hatten sich auf einem unbestellten Stück Land zwei geflüchtete Bauern angesiedelt. Als der Besitzer davon erfuhr, schickte er Planierraupen hin, um ihre Hütten wegzuräumen und die Bauern zu vertreiben. Als der Bischof ihn deswegen zur Rede stellte, war er völlig uneinsichtig und sagte, was er getan habe, sei sein gutes Recht. Daraufhin hat der Bischof ihn ausgeschlossen. Vielleicht war dieser Großgrundbesitzer immer noch subjektiv der ehrlichen Meinung, er sei im Recht. Nun ist es aber nicht die Aufgabe der Kirche, über die innere seelische Verfassung eines Menschen zu urteilen. Das Handeln der Kirche spielt auf einer etwas mehr äußeren Ebene: Sie soll Zeichen sein, modellhaft ein Stück Evangelium abbilden. Wäre aber das Evangelium in dieser Gemeinde noch erkennbar, wenn etwa der Großgrundbesitzer in ein und derselben Kirche mit den vertriebenen Bauern eucharistische Tischgemeinschaft halten, mit ihnen das Brot des Lebens teilen könnte, während er ihnen im Leben das Brot wegnimmt?

Zur kirchlichen Bußgeschichte

Wir sahen in den neutestamentlichen Gemeinden eine reich differenzierte Bußpraxis, die so elastisch ist, daß sie möglichst weitgehend auf die einzelnen und die Situation in der konkreten Gemeinde eingehen kann.

Demgegenüber haben sich unser heutiges Bewußtsein und unsere kirchliche Praxis sehr verengt. Beim Wort »Buße« denken wir fast ausschließlich an eine einzige Bußform, die Beichte, eventuell noch an den Bußgottesdienst.

Diese Engführung wird noch begünstigt durch eine sehr verengte Sicht (oft muß man sagen: durch die völlige Unkenntnis) der kirchlichen Bußgeschichte. Gegenüber kirchlichen Erneuerungsversuchen hört man häufig den Einwand: Was tausendneunhundert Jahre lang richtig war, das soll nun auf einmal nicht mehr gelten? Oft identifizieren Leute, die so sprechen, die Kirchengeschichte mit ihrer eigenen Kindheits- und Jugendgeschichte. Die wirkliche Kirchengeschichte ist ja ganz anders. In den ersten sechs bis acht Jahrhunderten der Kirche kam die sakramentale Buße höchstens einmal im Leben in Frage. Zum zweitenmal wurde man nicht mehr zugelassen. Das Ideal war, ohne das Bußsakrament auszukommen. Dafür schnitt das Bußverfahren allerdings viel stärker als heute in das Leben ein. Über längere Zeit, oft über mehrere Jahre waren die Büßer von der Kommunion ausgeschlossen und mußten mit schweren Bußauflagen leben. Die Buße war öffentlich: die ganze Gemeinde nahm daran Anteil. Diese einmalige, öffentliche Exkommunikationsbuße, das Bußsakrament der alten Kirche, ist abgelöst worden durch das System, das wir kennen: die wiederholbare, geheime Absolutionsbuße. Dies geschah »von unten«, gegen den Widerstand von Bischöfen und Synoden, weil das Volk nach einer anderen Bußform verlangte. Diese andere Bußform scheint heute in eine Krise geraten zu sein. Es ist aber gut, den geschichtlichen Wandel vor Augen zu haben, dadurch wird die heutige Krise relativiert.

Das kann man heute in jeder bußgeschichtlichen Darstellung

nachlesen. Aber auch diese Darstellungen geben meistens nur einen Ausschnitt der kirchlichen Bußgeschichte wieder. Das liegt an einer »dogmatischen« Vorentscheidung, mit der man das historische Material auswählt. Man konzentriert sich auf diejenigen Phänomene, die nach unserer heutigen Sicht zum Wesen des Bußsakraments gehören. Andere, für die alte Kirche wichtige und von ihr für wirksam gehaltene Bußvollzüge wie z. B. das Almosengeben, die apostolische Arbeit für die Gemeinde, die Fürbitte der Martyrer, der Verzicht auf ein kirchliches Amt, verbunden mit dem Eintritt in ein Kloster, oder die mittelalterliche Laienbeichte, kommen dann wenig oder gar nicht in den Blick. (Neuere theologische Arbeiten weisen uns auf dieses Defizit hin[2].)

Ein Wort noch zu unserer jüngeren Vergangenheit: Es ist niemals in der Kirchengeschichte so viel gebeichtet worden wie in der Zeit zwischen 1910 und etwa 1960. Das hatte folgenden Grund: Man war seit langem daran gewöhnt, nur sehr selten zur Kommunion zu gehen: einmal im Jahr, besonders fromme Leute vielleicht dreimal im Jahr. Normalerweise ging man zur Messe, ohne an der Kommunion teilzunehmen. Außerdem war man gewohnt, den Kommunionempfang mit der Beichte zu koppeln. Bei beidem spielte der Gedanke der persönlichen Würdigkeit (bzw. Unwürdigkeit) zum Kommunionempfang eine große Rolle; die heilende Wirkung des Sakraments der Eucharistie trat dahinter zurück. Das wurde anders durch die Kommuniondekrete Papst *Pius X.* zu Beginn unseres Jahrhunderts. Der Papst rief zur früheren Hinführung der Kinder und zu häufigerem Empfang der Kommunion auf. Sein Appell wurde kräftig unterstützt durch die

[2] Vgl. z. B. *K. Rahner,* Vergessene Wahrheiten über das Bußsakrament, in: *ders.,* Schriften zur Theologie, Bd. II, Einsiedeln 1955, 143–183; *G. Greshake,* Zur Erneuerung des kirchlichen Bußwesens. Überlegungen aus dogmengeschichtlicher und systematischer Sicht, in: *A. Exeler u. a.,* Zum Thema Buße und Bußfeier, Stuttgart 1971, 61–121; *R. Lendi,* Die Wandelbarkeit der Buße. Hermeneutische Prinzipien und Kriterien für eine heutige Theorie und Praxis der Buße und der Sakramente allgemein erhellt am Beispiel der Bußgeschichte, Bern 1983.

Liturgische Bewegung. Nun war es aber schwer, diesem Aufruf zu folgen, weil mit der Kommunion ja die Beichte gekoppelt war. So half man sich vorläufig mit einem Kompromiß (man kann ja nicht jeden Samstag beichten gehen, weil man sonntags kommunizieren will): man ging also alle vier Wochen zur Beichte und im selben Rhythmus zur Kommunion. Dies war natürlich ein »fauler Kompromiß«[3], denn einerseits wurden die Aufforderung Pius X. und das Anliegen der Liturgischen Bewegung dadurch ja nicht richtig verwirklicht (an drei Sonntagen im Monat blieb man der Kommunion fern), und andererseits kam es zu der enormen Beichthäufigkeit, die sicher eine, wenn auch nicht die einzige Ursache für die Aushöhlung der Beichte wurde.

Den weiteren Horizont wiedergewinnen!

Heute, meine ich, ist uns die Aufgabe gestellt, den weiteren Horizont christlicher Buße wiederzugewinnen. Das heißt also: den Glauben zu begreifen und darzustellen als Einladung zu lohnendem, reichen Leben, als Chance, mehr aus dem Leben zu machen; Erlösung, Vergebung, Versöhnung zu begreifen als eine umfassende Bewegung, die uns frei macht von (oder wenigstens: Distanz ermöglicht zu) allem, was uns unmenschlich, unfrei, kaputt macht, als eine Bewegung, die nicht eingeschränkt ist auf den liturgischen Bereich, sondern überall in unserem Miteinander vorkommt; Buße zu begreifen als das Sich-Einlassen auf diese erlösende, befreiende Bewegung.

[3] *A. Exeler*, Zur gegenwärtigen Situation der Bußpraxis, in: *A. Exeler u. a.*, a.a.O. (Anm. 2), 21–36, hier 21.

Kultur der Vergebung im Alltag

Zunächst möchte ich ein Stichwort aufgreifen, mit dem der Limburger Bischof *Franz Kamphaus* ein wichtiges Kapitel seines Fastenhirtenbriefes 1984 (»Vergebung der Sünden«) überschrieben hat: »Für eine neue Kultur der Vergebung«. Was würde zu solcher »Kultur der Vergebung« gehören?

Daß man seine Schuld zugibt, daß man um Entschuldigung bittet und daß man Verzeihung gewährt, das dürften Christen nicht als peinliche Zwischenfälle ansehen, die am besten gar nicht vorkämen, sondern das müßte unter Christen zum täglichen Brot des Miteinanderlebens gehören. Dazu gehört auch, daß wir Konflikte offen zur Sprache bringen und brüderlich austragen, statt sie mit dem sogenannten Mantel der Liebe zuzudecken. Oft ist es nämlich gar nicht ein Mantel der Liebe, sondern nur ein Schlafrock der Bequemlichkeit oder eine Schutzmauer der Feigheit. »›Friede‹ als schlauer Vorwand derer, die den Mut nicht aufbringen, vorhandene Konflikte offen und redlich auszutragen, kann sich nicht auf Jesus berufen«, schreibt Bischof Kamphaus in dem eben genannten Fastenhirtenbrief[4].

Vielleicht wird sich beim Aufbau einer solchen Kultur der Vergebung herausstellen, daß kleine institutionelle Hilfen erleichternd und unterstützend wirken können. In einer französischen Familie (später ganz ähnlich auch in einer deutschen) habe ich zum Beispiel folgende Praxis kennengelernt: An einem festgesetzten Abend im Monat sitzt man zusammen zum Familien-Mecker-Abend. Da kann man sich beschweren über die anderen, und da kann man auch sagen, was einen an einem selber stört. Was in der aktuellen, angespannten Situation schwer auszusprechen ist, das kann man an diesem Abend leichter, in größerer Ruhe und in der Hoffnung, daß etwas Gutes daraus wird, zur Sprache bringen. Man weiß ja schon, daß an diesem

---

[4] *F. Kamphaus*, Vergebung der Sünden. Hirtenwort und Anregungen zu Verkündigung und Glaubensgespräch in der österlichen Bußzeit 1984 (als Manuskript gedruckt: Limburg 1984), 53.

Abend einiges auf den Tisch kommt, und man kann mit der Geduld der anderen rechnen. Die Bekannten, die mir davon erzählten, haben diese Praxis als hilfreich, befreiend und weiterführend erfahren. Natürlich ist das nur ein Beispiel. Ähnliches wäre auch in Gruppen und Gemeinden denkbar. Vielleicht ist gerade das durch den Ausfall der Beichte entstandene Vakuum ein Anlaß, am Aufbau einer solchen neuen Praxis mitzuwirken.

Beratung

In den letzten Jahrzehnten hat die Kirche vielerorts Ehe- und Erziehungsberatungsstellen eingerichtet. Diese Stellen werden von vielen Menschen, die sich in einer verfahrenen Situation sehen, in Anspruch genommen. Im Gespräch mit den Beratern und mit Ratsuchenden habe ich den Eindruck gewonnen: Hier geschieht intensiv Gewissenserforschung, Ermutigung und Umkehr. Menschen, die einen Leidensdruck verspüren, lassen sich mit ihrer eigenen Lebensgeschichte konfrontieren, sie merken, daß nur ehrliche Bestandsaufnahme weiterhelfen kann, sie sprechen sehr offen über ihr Versagen, sie erfahren sich angenommen und sind gleichzeitig bereit, sich selbst ein Stück zu verändern.

Dies scheint mir beispielhaft zu sein. Solcherlei Vorgänge dürfte es in der Kirche noch viel mehr geben. Zum Teil gibt es sie ja auch schon längst. Mancher Jugendliche spricht mit seinem Gruppenleiter über seine Schwierigkeiten. Bestimmten Leuten in der Gemeinde vertrauen sich andere gern an, weil sie diese persönlich kennen und für kompetent, verständnisvoll und diskret halten. Kirche ist um so reicher, um so mehr wirklich Kirche, je mehr so etwas in ihr möglich ist.

Öffentliches Eingeständnis von konkreter öffentlicher Schuld der Kirche

Zu kirchlicher Buße gehört auch die kirchliche Selbstkritik. Allerdings werden wir zugeben müssen, daß uns dies in der katholischen Kirche offenbar besonders schwer fällt. Wir sind noch zu sehr geleitet von einem falschen Idealbild: als dürften wir, wenn es um die Kirche geht, eigentlich nur von ihrer Größe und Heiligkeit sprechen, von Sünden dagegen nur bei einzelnen Menschen in der Kirche. Öffentliche Kritik der Kirche wird oft als Nestbeschmutzung empfunden. Ich möchte aber auf einige positive Beispiele hinweisen. In der Würzburger Synode hat sich die Kirche im Beschluß »Kirche und Arbeiterschaft« ein eigenes Schuldkapitel geschrieben[5]. Im Synodenbeschluß »Unsere Hoffnung« wird zum Verhältnis zwischen Christen und Juden im Dritten Reich gesagt, daß wir »zu sehr mit dem Rücken zum Schicksal des verfolgten jüdischen Volkes« weitergelebt haben[6]. Auf der Bischofssynode in Rom 1983 äußerten eine Reihe von Bischöfen, die Kirche werde nur glaubwürdig, wenn sie bei sich selber anfinge, bei Themen wie Frau in der Kirche, Geschiedene, Priester, die ihr Amt aufgegeben haben; Kardinal Willebrands forderte eine Bekehrung zum Ökumenismus[7].

Ich denke, daß es in jeder Gemeinde so etwas geben muß wie Gewissenserforschung und Sündenbekenntnis: Was haben wir als Gemeinde falsch gemacht? Welche Leute in der Gemeinde stoßen wir ab, statt sie einzuladen? Wem tun wir unrecht? Das lohnt sicher eine Pfarrgemeinderatssitzung, das kann auch Gegenstand eines Bußgottesdienstes werden. Es würde der Kirche nicht schaden, sondern es würde ihre Glaubwürdigkeit stärken. Und es würde auch den einzelnen ermutigen, seine persönliche Schuld zu bekennen, wenn er das tun könnte im Kontext einer Kirche, die sich als Kirche auch schuldig bekennt, – während in einer Atmosphäre allgemeiner Wohlanständigkeit natürlich auch der einzelne eher geneigt ist, den eigenen Dreck still unter den Teppich zu kehren.

---

[5] Kirche und Arbeiterschaft, Kap. 1: »Ein fortwirkender Skandal«, in: Gemeinsame Synode der Bistümer in der Bundesrepublik Deutschland, Beschlüsse der Vollversammlung. Offizielle Gesamtausgabe, Freiburg 1976, 327–338.

[6] Unsere Hoffnung, Kap. IV/2, ebd., 108.

[7] Vgl. *U. Ruh*, Gehversuche in Sachen Buße. Die sechste Vollversammlung der Bischofssynode, in: Herder Korrespondenz 37 (1983) 568–573, bes. 570.

Bewegungen zur Umkehr im Sinne gesellschaftlicher Veränderung

Schließlich sind in diesem Zusammenhang auch Bewegungen zur Umkehr im Sinne gesellschaftlicher Veränderung zu nennen. Hier liegt wahrscheinlich heute eine besondere Chance. »Anders leben« – das wurde in den letzten Jahren oft und von verschiedenen Seiten gefordert. Es könnte fast die zeitgemäße Übersetzung des biblischen Umkehrrufes »Metanoeite! (Kehrt um! Ändert euren Sinn!)« sein. Aber es fällt uns, wie jeder weiß, schwer, damit anzufangen. Da liegt sicher die besondere Chance einer Gruppe. Wenn man es im Zusammenhang mit anderen tun kann, wird es wohl leichter fallen. War das nicht schon immer so in der Kirchengeschichte? Als im Hochmittelalter die Kirche auf dem Höhepunkt ihrer Macht war, als Macht und Reichtum Ansehen begründeten, da konnte die Idee, daß man arm leben müsse, nur in Gruppen verwirklicht werden. Es geschah damals durch die Bettelorden. Geschieht vielleicht heute Vergleichbares durch Bewegungen wie die »Ökumenische Initiative Eine Welt«?

In diesem Zusammenhang könnte man z. B. auch an die »Aktion Sühnezeichen« denken: Man geht in ein ehemals befeindetes Land und setzt durch seine Arbeit, die man dort leistet, ein Zeichen der Versöhnung. Dies Zeichen verändert die, die daran mitwirken, selbst (es ist nicht nur ein Zeichen für andere); insofern hat es eine sakramentale Struktur. Auch Aktionen gegen das Wettrüsten, Fasten für den Frieden u. ä. könnten Bußakte sein, welche die daran Teilnehmenden (vielleicht auch andere) verändern.

Natürlich gibt es bei solchen Aktionen immer auch Streit darüber, ob sie angebracht sind, ob ihre Ziele auch wirklich christlich notwendig oder sinnvoll sind. *Ein* Kriterium zur Beurteilung solcher Bewegung ist sicher, ob die so Umkehr Demonstrierenden auch selbst Umkehr tun oder ob sie diese nur von anderen verlangen. Aber bitte, wir sollten nicht zu schnell bei der Hand sein mit der Behauptung, sie verlangten sie nur für andere, sondern wir sollten hinsehen, was sie tun. Selbstverständlich bleibt dann immer noch die Frage der objektiven Richtigkeit.

Theoretisch kann man das Kriterium leicht benennen: man muß fragen, ob diese Umkehr auch eine Hinkehr zur Liebe ist, zum Frieden im biblischen Sinne. Praktisch, im Einzelfall, ist darüber gegebenenfalls zu diskutieren. Dann muß brüderlich, fair, ohne Unterstellungen gestritten werden, damit man zu möglichst gut begründetem Handeln kommt; aber solchen Streit gibt es (und muß es geben) für viele praktische Vollzüge in der Kirche.

Liturgische Vollzüge

Menschen, welche ihre Existenz und ihr Handeln als Leben aus Gott verstehen, werden Umkehr und Versöhnung auch *liturgisch* vollziehen.

Taufe: Kirchliche Gemeinschaft als Sakrament der Vergebung

Wieder beginne ich mit der Taufe. Theologisch könnte man sagen, die Taufe ist das Sakrament der Umkehr: Beginn eines neuen Lebens durch Eingliederung in die Gemeinschaft der Christen. Nun haben aber die Theologen, wenn sie so von Taufe sprechen, immer das Modell der Erwachsenentaufe vor Augen. Angesichts der bei uns vorherrschenden Praxis der Kindertaufe könnte es dann so scheinen, als sei das Sakrament der Umkehr schon »verschenkt«. Aber das ist vielleicht doch ein zu punktuelles Sakramentsverständnis. Man kann auch das ganze Leben in der Gemeinschaft von Christen als Realisierung der Taufe sehen. Das würde dann heißen, Taufe setzt ein sakramentales Vorzeichen vor alle Vollzüge christlicher Umkehr und Buße. All das, was ich vorhin »profane« Vollzüge genannt habe, ist dann nämlich nicht mehr ganz so »profan«, sondern es kann Realisierung der Taufe, des Christseins in der Kirche sein. Es geht nicht darum, all dem ein frommes Etikett anzuhängen, sondern inhaltlich bedeutet das, daß in den vorhin genannten sogenannten profanen Bußvollzügen mit der Zusage Jesu zu rechnen ist: »Wo zwei oder drei in meinem Namen zusammenkommen, da bin ich mitten unter ihnen« (Mt 18,20). In der Versöhnung der Welt (in vielen gar nicht vollständig beschreibbaren Vorgängen) geschieht die Versöhnung mit Gott. Wo dies Christen aus dem Glauben an Jesus Christus miteinander tun, da ereignet sich Kirche, da wird Kirche zum Sakrament der Versöhnung.

Eucharistie: Mahl der Versöhnung

Das Sakrament der immer neuen Versöhnung ist das Sakrament der Tischgemeinschaft. Tischgemeinschaft war ja in Israel eine klassische Geste der Versöhnung. Wenn man mit jemandem zerstritten war, dann lud man ihn zum Essen ein, und jeder verstand das als Einladung, wieder Frieden zu schließen. Eucharistie ist Feier eines Mahles, ist Tischgemeinschaft. Viele Einzelheiten in der Eucharistiefeier deuten darauf hin, daß diese Feier sehr stark den Sinn hat, zu versöhnen, Vergebung zu erwirken: der Bußakt zu Beginn, die Vergebungsbitte nach dem Lesen des Evangeliums, das Wort vom Bundesblut zur Vergebung der Sünden im Einsetzungsbericht, die Vergebungsbitte im Vaterunser »Vergib uns unsere Schuld«, das Wort vom »Lamm Gottes, das hinwegnimmt die Sünde der Welt«, die Bitte »Sprich nur ein Wort, so wird meine Seele gesund«, der Friedensgruß vor der Kommunion, das Entlassungswort »Gehet hin in Frieden!« Diese Worte und Zeichen werden doch vollzogen in dem Glauben und der Hoffnung, daß der Herr (jetzt in dieser Feier!) auch wirklich jenes Wort spricht, das »die Seele gesund macht«, das Vergebung und Frieden schafft. Die Eucharistie ist das zentrale Sakrament der Christen, und die zentrale Wirklichkeit der Eucharistie ist ihre vergebende, versöhnende Kraft.

Besonders deutlich gegenüber anderen Sakramenten wird in der Eucharistie wohl, daß Versöhnung ein Geschenk ist. Eucharistie ist ja Danksagung. Dankend vergegenwärtigen wir uns, was uns schon geschenkt ist, nehmen wir eine Bewegung wahr, die schon vor unserem Handeln da ist, die uns schon trägt. Eucharistie feiern heißt, sich auf diese Bewegung einlassen, sich tragen lassen von einer Strömung, die ein anderer schon in Gang gesetzt hat. Manchmal, sicher nicht immer, ist die versöhnende Kraft in der Eucharistiefeier ja auch ganz deutlich spürbar. Ich erinnere mich an eine Tagung mit Jugendleitern, die sich so zerstritten hatten, daß sie meinten, es habe eigentlich keinen Sinn, an jenem Abend noch die Messe zu feiern. Schließlich haben wir es nach einigem Hin und Her doch getan, und schon während der Eucharistiefeier änderte sich der Ton, in dem die Jugendlichen miteinander sprachen. Einer, der sich schmollend zurückgezogen hatte, fing in der Ferne an, seine Gitarre zu spielen, und rückte dann langsam näher. Alle spürten dankbar, wie diese Eucharistiefeier sie verwandelte. Natürlich geschieht das nicht mechanisch, sondern immer nur, wenn man sich dafür öffnet, wenn man dabei »mitspielt«. Aber das gilt für jedes Sakrament.

Bußgottesdienst: Gemeinsamkeit in der Schuld und in der Hoffnung
Spezifisch gegenüber Taufe und Eucharistie steht beim Bußgottesdienst *ein* Aspekt des Glaubens im Mittelpunkt, nämlich der Aspekt von Umkehr und Vergebung. Dies hat der Bußgottesdienst gemeinsam mit der Beichte. Stärker aber als die Einzelbeichte kann er die Gemeinsamkeit der Christen in der Angewiesenheit auf Vergebung und Versöhnung verdeutlichen. Zum Bußgottesdienst könnte draußen an der Kirchentür ein Schild hängen: »Heute abend nur für Sünder.« An sich ergibt sich das ja schon aus der Einladung: Es ist Bußgottesdienst. Das heißt: jeder, der kommt, zeigt, ich bin ein Sünder, ich habe es nötig. Noch wichtiger aber ist das andere, das der Bußgottesdienst verdeutlicht: Gemeinsamkeit in der Hoffnung auf Versöhnung! Das ist das eigentliche Verbindende. Der Bußgottesdienst kann auch besonders deutlich machen, daß wirklich Versöhnung geschieht, wo Menschen im Namen Jesu zusammenkommen. Er ist ja nicht bloß Vorbereitung auf einen anderen Bußvollzug, er ist selbst eine heilschaffende Zusammenkunft. Schließlich könnte der Bußgottesdienst auch zum Ausdruck bringen, daß es über alle persönliche Schuld hinaus Sünde gibt, an der wir gemeinsam wirken, und daß wir deshalb auch die Aufgabe haben, miteinander nach neuen Wegen zu suchen, miteinander ein Stück sündige Praxis zu überwinden.
Oft wird kritisch gegen den Bußgottesdienst eingewendet, da

würden die Gläubigen doch so gut wie gar nicht persönlich beteiligt. Sie brauchten ja nur ein vom Liturgen vorgefertigtes Andachtsschema über sich ergehen zu lassen, und deshalb geschehe eben auch nichts wirklich im Innern der Teilnehmer. Das kann natürlich sein. Es kommt sehr darauf an, wie ein Bußgottesdienst gestaltet wird. Vielleicht darf ich ein kleines Beispiel nennen. In unserer Gemeinde haben wir in der Karwoche einen Bußgottesdienst gehalten. Draußen vor der Kirchentür war ein großer Stapel von Holzscheiten, so wie man sie auch für die Kaminheizung braucht, und jeder, der hereinkam, wurde von einem Jugendlichen aufgefordert, er solle sich ein Holzstück aussuchen, ein größeres oder kleineres, je nachdem, wie er seine eigene Schuld einschätze, und es mit in die Kirche nehmen. Die Leute haben längere Zeit davorgestanden, haben ein Scheit genommen, es wieder hingelegt, ein anderes genommen. Das Holzscheit hatte jeder während des Bußgottesdienstes vor sich auf der Bank liegen, oder er hielt es in Händen. Die Gewissenserforschung war eine Meditation mit diesem Holz. Der Pfarrer sagte: »Ich habe das Holz in der Hand, es ist kantig, rauh, ungehobelt, splitternd, verletzend, scharf. Verletze ich wie dieses Holzscheit, hinterlasse ich Splitter? Wenn Menschen mit mir in Berührung kommen, tun sie sich dann weh? . . .« Jemand aus der Gemeinde sagte: »Ich denke bei Holz an das Brett, das natürlich immer der andere vor dem Kopf hat, ich selbst habe es nie vor dem Kopf. Bin ich überheblich?« Und: »Wie ist es mit dem Splitter im Auge des Nächsten und mit dem Balken im eigenen Auge? Rede und urteile ich nur über andere? Oder bin ich auch mit mir selbst kritisch?« Diese Meditation wurde sehr leibhaftig und wohl auch sehr andächtig von den Gottesdienstteilnehmern mitgetragen. Dann kam vom Pfarrer die Aufforderung, die manchem zunächst befremdlich schien: alle sollten nun mit ihrem Nachbarn ihr Holzscheit tauschen. Nun hatten sie auf einmal die Schuld des anderen in Händen. Und dann gingen alle mit dem Holz zum Altar. Neben dem Altar war ein Holzkreuz aus Latten aufgebaut, da konnte jeder sein Stück Holz, bzw. das Holz der Nachbarn, hineinlegen. So füllte sich langsam dieses Kreuz.

Man staunte, wieviel Schuld der Gemeinde sich dort aufhäufte, wie das einzelne kleine Stück Schuld zu einem großen Berg wurde. Das Kreuz blieb stehen bis Ostern. Im Osterfeuer wurden dann die Holzscheite verbrannt. Jeder konnte noch einmal seine Schuld sehen, konnte sehen, wie sie von Christus angenommen war und im Osterfeuer verbrannte. Ich denke, daß in einer solchen Feier etwas mit den Teilnehmern selbst geschieht. Schuld und Vergebung werden leibhaftig erfahren. Man würde das sehr unterschätzen, wenn man es nur für einen didaktisch nützlichen Vorgang hielte. »Verleiblichung« ist ein wesentliches Moment (wenn auch noch nicht die Definition) von Sakrament.

Beichte
Für viele katholische Christen ist die Beichte ein heißes Eisen geworden. Dafür dürfte es viele Gründe geben. Ich nenne nur einige wenige. Da sind Erinnerungen an eine sinnentleerte Form, in der man selbst eigentlich gar nicht vorkam. Da sind schlechte Erfahrungen mit indiskreten und verständnislosen Priestern. Da ist aber auch ein schlechtes Gewissen, weil man es dann schließlich aufgegeben hat. Dies zusammen bildet oft ein blockierendes Konglomerat, so daß manch einer sagt: über die Beichte wollen wir lieber nicht reden.

Um diese Blockierung ein wenig aufzuheben, möchte ich zunächst einmal eines betonen: Keiner muß beichten. Ich sage es mal noch etwas pointierter: kein katholischer Christ ist durch irgendein Gebot der Kirche verpflichtet, jemals in seinem Leben zu beichten, mit einer einzigen Ausnahme: wenn er sich durch ein radikal unchristliches Verhalten aus der Gemeinschaft der Kirche ausgeschlossen hätte. Nun wird sich mancher an das 4. Gebot der Kirche erinnern: »Du sollst wenigstens einmal im Jahr deine Sünden bekennen!« Natürlich, das stand im Katechismus, und dahinter steht die Bestimmung des Vierten Lateran-Konzils (1215). Aber in der Sprache dieses Konzils hat das Wort »peccatum« die Bedeutung von Todsünde. Das Kirchengebot meint eigentlich: Wenn du dir einer schweren Sünde bewußt bist, dann bist du verpflichtet, binnen Jahresfrist das zu bekennen, sonst fällst du aus der Ordnung der Kirche ganz heraus. Die Verfasser der Katechismen, die aus den vielen kirchlichen Bestimmungen fünf ausgewählt und diese so kurz formuliert haben, daß sie jedes Kind auswendig lernen konnte, haben diese Präzisierung nicht mit in die Formulierung aufgenommen. Das hängt natürlich auch damit zusammen, daß der Todsündenbegriff sich sehr gewandelt hatte, daß man meinte, Todsünden begehe jeder im Laufe des Jahres, spätestens wenn er zur Geschlechtsreife erwacht sei. Und deshalb konnte man diese Unterscheidung für Luxus halten. Dagegen ist uns heute wieder mehr bewußt, daß mit Todsünde eine Grundoption gegen Gott gemeint ist, ein radikal unchristliches Verhalten, von dem man in der alten Kirche annahm, daß das normalerweise im Leben eines Christen nicht vorkommt. Übrigens ist das Kirchengebot jetzt auch in der offiziellen kirchlichen Sprachregelung klarer formuliert. Der neue Codex Iuris Canonici hat die Bestimmung präziser gefaßt: »Jeder Gläubige ist nach Erreichen des Unterscheidungsalters verpflichtet, seine *schweren Sünden* wenigstens einmal im Jahr aufrecht zu bekennen«[8]. Früher fehlte das Wort »schweren«. Dies sage ich vorweg, nicht um der Beichte noch weiter das Wasser abzugraben, sondern um Blockierungen aufzuheben. Dann kann man jetzt in Ruhe darüber reden, daß die Beichte eine besondere Chance darstellt.

Beichte könnte ein Ort sein, an dem ich mich offen aussprechen kann, ohne irgendeine Aussage zurückhalten zu müssen. Dieses Zurückhaltenmüssen ist in vielen Zusammenhängen, in denen wir miteinander leben, einfach nötig, damit wir noch miteinander leben können. Hier wäre ein Ort, an dem man es nicht brauchte. Die Chance der Beichte ist auch, daß hier eine persönliche Konfrontation mit mir selbst möglich ist, mit meiner einmaligen, individuellen Lebensgeschichte. Und daß ich höre: »Deine Sünden sind dir vergeben.« Mancher denkt im Bußgottesdienst

---

[8] CIC 1983, Can. 989. Vgl. auch den vorhergehenden Can. 988: Dort wird deutlich unterschieden zwischen der *Verpflichtung,* die schweren Sünden zu bekennen, (§ 1) und der *Empfehlung* zum Bekenntnis der läßlichen Sünden (§ 2).

vielleicht: Wenn die wüßten, was mit mir ist, dann hätte der Priester das Lossprechungsgebet nicht gesprochen. In der Beichte höre ich es, nachdem ich gesagt habe, was mit mir los ist. Das könnte auch ein wohltuendes Gegengewicht sein gegen das Untergehen in der anonymen Masse, in der man doch immer allein bleibt, und gegen die Flucht in allgemeine Gesellschafts-kritik, in der man dann selber wieder nicht vorkommt.

Die spezifische Eigenart des Sakraments verdeutlicht *Karl Rahner* als Verleiblichung des Glaubens: »Es ist ja auch sonst so, daß wir die innersten Gesinnungen unseres Herzens beinah notwendig wie von selbst verleiblichen. Wir lieben einander nicht nur, sondern wir umarmen uns, wir küssen uns, wir streicheln uns. Wir wenden uns nicht bloß in innerster verborgener Abscheu vor irgend einer Untat oder ähnlichem ab, sondern wir ballen die Faust. Kurz und gut, das religiös innerste, inwendigste Leben eines Menschen in seinem Verhältnis zu Gott hat wie von selbst die Tendenz und das Wesen, sich zu verleiblichen. Die vollste kirchliche Verleiblichung unserer Abwendung von der Schuld, unserer Hinwendung zu Gott, ist eben für den getauften Sünder das kirchliche Bußsakrament.«[9] Ich halte diese kurzen Sätze für eine sehr eindrucksvolle Formulierung dessen, was mit Sakrament gemeint ist. Nur muß man natürlich bedenken, daß das Moment der Verleiblichung, so sehr es für die Sakramententheo-logie grundlegend ist, doch nicht auf sakramentale Vollzüge (im engeren Sinn des Wortes Sakrament) beschränkt ist. Ich habe ja vorhin am Beispiel eines Bußgottesdienstes zu verdeutlichen versucht, wie auch ein solcher Gottesdienst sehr »leibhaftig« und aufgrund seiner Leibhaftigkeit wirksam sein kann – unabhängig davon, ob man ihn dann theologisch präzise »Sakrament« nennen mag oder nicht. Wenn man klären sollte, was denn dann noch-mals spezifisch für die sakramentale Beichte (gegenüber anderen wirksamen Bußvollzügen) ist, dann müßte man wahrscheinlich darüber nachdenken, daß beim Sakrament ganz offiziell Kirche

[9] *K. Rahner,* Zur Situation des Bußsakramentes, in: *ders.,* Schriften zur Theologie, Bd. XVI, Zürich 1984, 418–437, hier 431.

ins Spiel kommt. Und man müßte weiter bedenken, was solche Begegnung mit der offiziellen Kirche für den einzelnen bedeuten, wie sie zur Vereindeutigung seines Glaubens beitragen kann.

Sie merken, ich rede jetzt im Konjunktiv. Das hat damit zu tun, daß angesichts der heutigen Form des Bußsakraments – alle Gesten sind daraus verschwunden, das Sakrament ist ganz auf das Wort reduziert – das Moment der Verleiblichung für viele nur schwer zu entdecken sein wird. Das müßte natürlich nicht so sein. Die altkirchliche Bußgeschichte könnte uns zeigen, daß die Feier des Bußsakraments ein sehr leibhaftiger, alle unmittelbar Beteiligten erfassender Vorgang sein kann: Der Büßer, der jahrelang außerhalb der kirchlichen Gemeinschaft leben mußte, wurde am Gründonnerstag feierlich wieder in die Gemeinde eingeholt, ihm wurden die Hände aufgelegt, er durfte wieder den Friedensgruß mit den Gemeindemitgliedern austauschen und – vor allem – wieder mit ihnen das eucharistische Mahl halten. Wer das erlebt hat, der hat natürlich etwas gespürt, der hat gemerkt, jetzt habe ich wieder Anschluß an den Kreis von Menschen, der mir so wichtig ist, jetzt bin ich wie neugeboren. Und er kann glaubend sagen: Jetzt sind nicht nur ein paar Leute gut zu mir gewesen und haben nachsichtig die Augen zugedrückt, sondern in dieser ganz menschlichen, greifbaren, leibhaftigen Erfahrung ist mir die Versöhnung mit *Gott* geschenkt worden.

Behutsam werden wir eine neue Praxis des Bußsakraments zu entwickeln haben. Ich kann jetzt nur noch sehr kurz einiges davon ansprechen.

Den sogenannten Beichtvater sollte man sich schon gut auswählen. Zwar brauchte man von ihm nicht die Fähigkeit eines Psychotherapeuten vorauszusetzen, aber doch die Fähigkeit, zuzuhören und mich, wirklich mich und nicht nur einen Fall aus der Moraltheologie, wahrzunehmen, und die Fähigkeit, wenigstens etwas transparent zu machen von der Barmherzigkeit Gottes. Wir müßten lernen, die Rolle dessen, der Beichte hört, neu einzuschätzen: ihn nicht unbedingt als »Beichtvater«, der über dem Beichtenden steht, zu betrachten, sondern eher als geistlichen Begleiter. Sowohl Beichtende wie auch Beichthörende müßten das lernen, sonst ist jedes Beichtgespräch immer nur eine Quelle neuer Frustrationen.

Und wir müßten nach Formen suchen, die wirklich als Gesten, als Verleiblichungen von Versöhnung und Vergebung erkennbar sind. Das Bußsakrament ist ja allzu privat geworden. Das Beichtgespräch, das heutzutage im Wohnzimmer stattfinden kann, dient gewiß oft sehr der gedanklichen Klärung und der Ermutigung, aber doch wenig der leibhaftigen Erfahrung. Als Anregung möchte ich ein kleines Gegenbeispiel nennen. Eine Bekannte erzählte mir, wie sie längere Zeit nach einem Priester gesucht hatte, bei dem sie nach Jahren wieder einmal beichten könnte. Sie hatte ihn dann in einem Kloster in der Stadt gefunden. Sie hatte mit dem Pater im Meditationsraum des Klosters längere Zeit und in Ruhe reden können. Sie hatten sich dann beide hingekniet und miteinander gebetet. Der Priester war danach aufgestanden und hatte ihr die Hand aufgelegt und das Lossprechungswort dabei gesprochen, schließlich, als sie wieder aufgestanden war, ihr den Friedensgruß gegeben. Diesen ganzen Vorgang hatte sie als gleichzeitig sehr persönlich und doch auch zeichenhaft, als wirklich verändernd, befreiend und frohmachend erfahren. Ich sage jetzt nicht, daß dies schon das neue Modell eines Bußritus sein sollte – es müßte ja auch noch ein anderes Element hinzukommen: ein Zeichen dafür, daß hier die Kirche als ganze ins Spiel kommt –, aber ich denke, daß es möglich wäre, in vielen kleinen Schritten und Versuchen langsam (nicht von heute auf morgen) eine neue Gestalt der Feier des Bußsakraments aufzubauen[10]. Das wäre sicher eine Bereicherung.

Eine Frage lasse ich jetzt bewußt offen: ob denn nicht auch der

---

[10] Der neue, 1973 veröffentlichte *Ordo paenitentiae* könnte dazu gute Hinweise geben, insbesondere mit dem Vorschlag, Bekenntnis und Lossprechung des einzelnen mit einer »gemeinschaftlichen Feier der Versöhnung« zu verbinden. Man sollte dabei nur im Auge behalten, daß dieser Vorschlag eine wirkliche Bereicherung der kirchlichen Bußpraxis bedeuten könnte, aber nicht zur Neutralisierung des selbständigen Bußgottesdienstes zu führen braucht.

Bußgottesdienst Sakrament genannt werden könnte. Darüber wird bekanntlich in der gegenwärtigen katholischen Theologie sehr lebhaft diskutiert. Wenn ich auf diese – an sich natürlich nicht unbedeutende – Diskussion hier nicht eingehe, dann vor allem deshalb, weil es gerade mein Anliegen ist, daß wir uns nicht auf eine einzige Bußform (etwa den Bußgottesdienst oder die Beichte) fixieren. Wichtig scheint mir, daß wir eine ganze Kultur von Umkehr, Vergebung und Versöhnung entwickeln. Die vielen verschiedenen Elemente, aus denen sich kirchliche Bußpraxis aufbauen könnte, würden nicht zueinander in Konkurrenz stehen, sondern sich gegenseitig stützen und beleben[11].

[11] Dieser Beitrag ist im wesentlichen die Niederschrift eines Vortrags vor einem größeren Zuhörerkreis. Wer ausführlichere wissenschaftliche Belege sucht, findet sie im nächsten Artikel, der zum Teil dieselben Inhalte anspricht, aber mehr für das theologische Gespräch zwischen Dogmatik und Praktischer Theologie gedacht ist.

Korrekturen der Bußverkündigung

Worum es geht: Korrekturen verdeutlichen!

Der Eichstätter Pastoraltheologe *Konrad Baumgartner* legte 1978 die Ergebnisse einer Befragungsaktion unter katholischen Gottesdienstbesuchern in Süddeutschland vor, mit welcher ein wesentliches Defizit in der Diskussion über das Bußsakrament ausgeglichen werden sollte: »Die Fülle der dogmatischen, dogmengeschichtlichen, liturgiegeschichtlichen und pastoraltheologischen Arbeiten kann nicht darüber hinwegtäuschen, daß im Konzert dieser Stimmen eine Stimme fehlt bzw. kaum zum Klingen gekommen ist: die ›vox humana‹, die Stimme der Gläubigen als Empfänger dieses Sakramentes.«[1] Was viele Seelsorger in ihrem Erfahrungsbereich seit Jahren mehr oder weniger deutlich bemerkt hatten, wurde durch Baumgartners Untersuchungen belegt: Das Bußverhalten katholischer Christen hat sich gründlich verändert.

Die Beichte wurde erheblich seltener. Dabei handelt es sich nicht einfach um eine Parallele zum Rückgang der Gottesdienstbesucherzahlen. Befragt wurden ja gerade die Teilnehmer am Sonntagsgottesdienst. Außerdem fällt die Kurve der Beichtfrequenz unvergleichlich stärker ab als die Kurve des Gottesdienstbesuchs. Reserven gegenüber der Beichte finden sich nicht nur bei der Gruppe derer, die sich am Rande der Kirche aufhalten, sondern auch bei kirchlich stark engagierten Katholiken.

---

[1] *K. Baumgartner,* Erfahrungen mit dem Bußsakrament, Bd. 1: Berichte – Analysen – Probleme, München 1978, 11. Vgl. auch *U. Ruh,* Wie steht es um die kirchliche Bußpraxis? Versuch einer Zwischenbilanz, in: Herder-Korrespondenz 37 (1983) 461–465; *Th. Schwaiger,* Jugend zwischen Gut und Böse. Erfahrungen eines Pfarrers, in: Katechetische Blätter 109 (1984) 566–569; *W. Rupp,* Beichterfahrungen heute, ebd., 569–573.

Andererseits entwickelten sich neue Formen von Bußpraxis. Ein Viertel aller Befragten geht »statt zur Einzelbeichte zum Bußgottesdienst«[2]. Oft aber wird die Beichte abgelöst durch Vorgänge ganz außerhalb des liturgischen Bereichs: durch das Gespräch mit einem Partner, dem man sich persönlich anvertrauen und mit dem man neue Wege zur Problemlösung suchen kann[3], besonders durch die Aussprache zwischen Eheleuten (». . . meine Frau, mit der ich alle Sorgen und Nöte offen besprechen kann. Hier ist ein Mensch, der ehrlich mitfühlt, der mich anhören kann, der verzeiht«[4]); durch psychotherapeutische Behandlung, gruppendynamische Prozesse, das Studium des Yoga-Weges[5] und so fort.

Baumgartner registriert zusammenfassend eine »quantitative Veränderung des bisherigen, uniformen Bußverhaltens zu einem pluriformen Verhalten« und nennt zwei verschiedene Möglichkeiten, diese Veränderung zu deuten und zu beurteilen: »Verlust des Sündenbewußtseins«, »schleichender Abfall von der Kirche« – oder: »Erneuerung«, »Personalisierung«[6].

Zum Wandel in der Praxis kommt ein Wandel in den Kriterien, nach denen die Praxis gestaltet wird. Dominierte früher das Motiv von Gebot und Verpflichtung, so steht heute die persönliche Erfahrung im Vordergrund: was hilft, was befreit, was bringt mich weiter? Bei den jüngeren Jahrgängen (bis 32 Jahre) erinnert sich die Hälfte aller Befragten in Zusammenhang mit der Beichte an das Gefühl der Angst[7]. Kann das Bußsakrament von der Angst befreien – oder ruft es gerade Angst hervor? Baumgartner spricht von der Notwendigkeit eines »befreienden Grunderlebnisses«, der »Erlösungsaspekt« müsse »(auch gefühlsmäßig) überwiegen«[8].

---

[2] Vgl. ebd., 83 f.
[3] Vgl. ebd., 192, Hausfrau, 38 J.
[4] Vgl. ebd., Maschinenbautechniker, 36 J.
[5] Vgl. ebd., Lehrerin, jetzt Hausfrau, 40 J.
[6] Ebd., 204.
[7] Ebd., 100 und 102 f.
[8] Ebd., 120.

Der Wandel in Praxis und Fragestellung ist offenbar. Aber wie ist er theologisch zu beurteilen? Als Ausweichen vor der eigentlichen, im christlichen Glauben notwendig geforderten Umkehr – oder als deren neue, nur andersartige Raelisierung? Sind die in den letzten zwanzig Jahren aufgekommenen Bußgottesdienste, die neue Aufmerksamkeit für Versöhnungs- und Erneuerungsvorgänge außerhalb des liturgischen Raumes als Bereicherung und Entfaltung kirchlicher Bußpraxis zu werten – oder als deren Ausverkauf, »Buße zu herabgesetzten Preisen«? Gehört das geforderte Befreiungserlebnis innerlich zu Buße, Umkehr, Versöhnung – oder handelt es sich dabei nur um ein mehr äußerliches, auf Werbung bedachtes pastoraltheologisches Anliegen? Geht es christlichem Glauben (falls man so zuspitzen darf) um Befreiung von Angst und psychischen Zwängen usf. – oder um Erlösung von der Sünde? Allgemeiner gefragt: wie weit ist der Wandel in der Praxis von theologischen Einsichten zum Thema Sünde, Erlösung, Buße gedeckt?

Nun gibt es gewiß – vorbereitet durch die bußgeschichtlichen Forschungen der letzten Jahrzehnte[9] und erwachsen aus einer engeren Zusammenarbeit von Pastoraltheologie, Religionspädagogik und Dogmatik – in der Gegenwart so etwas wie eine erneuerte Bußtheologie, die sich inzwischen in übersichtlichen, gut lesbaren Veröffentlichungen[10] und auch in einer Reihe von

[9] Vgl. bes. *B. Poschmann,* Buße und Letzte Ölung (Handbuch der Dogmengeschichte, hrsg. von *M. Schmaus* u. a., IV, 3), Freiburg i. B. 1951; wesentlich überarbeitete Neuauflage dieses Faszikels: *H. Vorgrimler,* Buße und Krankensalbung, Freiburg i. B. 1978; *K. Rahner,* Schriften zur Theologie, Bd. XI: Frühe Bußgeschichte in Einzeluntersuchungen, Einsiedeln 1973.

[10] Vgl. bes. *J. Finkenzeller/G. Griesl,* Entspricht die Beichtpraxis der Kirche der Forderung Jesu zur Umkehr?, München 1971; *A. Exeler u. a.,* Zum Thema Buße und Bußfeier, Stuttgart 1971; *Theologische Fakultät Trier* (Hrsg.), Dienst der Versöhnung, Trier 1974; *F. Nikolasch,* Die Feier der Buße. Theologie und Liturgie, Würzburg 1974; *E. Feifel* (Hrsg.), Buße – Bußpraxis – Bußsakrament, München 1975; *A. K. Ruf* (Hrsg.), Sünde – Buße – Beichte. Werkbuch für die Verkündigung, Regensburg 1976; *J. Bommer,* Befreiung von Schuld. Gedanken zu einer vielfältigen Buß- und Beichtpraxis, Zürich 1976. – Zeitschriften, die dem

kirchenamtlichen bzw. halbamtlichen Verlautbarungen[11] nieder-
geschlagen hat. Wer die theologische Entwicklung verfolgt hat,
wird die eben aufgeworfenen Fragen zu einem guten Teil beantwortet sehen. Aber ist diese erneuerte Bußtheologie genügend in
Predigt, Katechese und Religionsunterricht, in das allgemeine
Glaubensbewußtsein eingegangen? Mir scheint: nein. Zu oft
existieren einerseits eine veränderte Praxis und andererseits
unaufgearbeitete Glaubensvorstellungen, welche sich mit dieser
Praxis nicht vertragen, nebeneinander.

Die Folgen sind eine bei Priestern und Laien weitverbreitete
Unsicherheit und Inkonsequenzen in Verkündigung und pastora-
ler Praxis[12]. Die meisten Katholiken mögen kaum mehr ihre
(inzwischen veränderte) Praxis nach ihren (überkommenen)

Thema Buße ein ganzes Heft widmeten: Katechetische Blätter 99 (1974)
Heft 5 (Buße und Bußsakrament/Diskussion um die Erstbeichte); Kate-
chetische Blätter 101 (1976) Heft 7 (Sünde – Buße – Beichte); Katecheti-
sche Blätter 109 (1984) Heft 8 (Schuld und Sünde); Concilium 12 (1976)
Heft 3 (Menschliches Versagen); Lebendiges Zeugnis 30 (1975) Heft 2
(Versöhnung – Buße – Befreiung); Evangelische Theologie 36 (1976)
Heft 1 (Schuld und Vergebung).

[11] Vgl. den Synodenbeschluß »Schwerpunkte heutiger Sakramentenpastoral«, Abschnitt C und D. 4, in: Gemeinsame Synode der Bistümer in der
Bundesrepublik Deutschland. Offizielle Gesamtausgabe I, Freiburg i. B.
1976, 258–268 und 272ff.; ferner Teile der »Pastoralen Einführung« in
den neuen »Ordo paenitentiae«: Die Feier der Buße nach dem neuen
Rituale Romanum, hrsg. von den Liturgischen Instituten Salzburg/Trier/
Zürich (Einsiedeln–Freiburg i. B. 1974) 9–29, sowie der »Weisung der
deutschen Bischöfe zur kirchlichen Bußpraxis« vom 20. 11. 1978 (veröffentlicht in den kirchlichen Amtsblättern, z. B. in: Kirchliches Amtsblatt
für das Bistum Essen 22 [1979] 15ff.); vor allem das in der Reihe
»Pastorale« im Auftrag der Deutschen Bischofskonferenz von der Konfe-
renz der deutschsprachigen Pastoraltheologen herausgegebene Bändchen
von L. Bertsch, Buße und Bußsakrament in der heutigen Kirche. Mainz
1970.

[12] Laienkatecheten, die Kommunion- und Firmkatechese halten, erklären
sich beim Thema Buße oft für überfordert. Die Unsicherheit vieler
Priester dürfte u. a. daran zu erkennen sein, daß nicht wenige ihre lange
Jahre hindurch geübte Praxis, die Kinder erst zur Kommunion und später
zur Beichte zu führen, mit einem Schlage änderten, als anderslautende
römische bzw. bischöfliche Weisungen kamen: Nun, da das »Experi-

theologischen Vorstellungen ausrichten und etwa zu den früheren Verhaltensweisen zurückkehren; eher gewöhnen sie sich daran, mit einem schlechten Gewissen zu leben oder aber sich nur noch partiell mit der Kirche, ihrer (vermeintlichen) Glaubensverkündigung und ihrem Anspruch zu identifizieren. Diese Entwicklung kann für keinen der Beteiligten gut sein, auch nicht für die »Sache« der Buße selbst.

Deshalb scheinen mir heute einige deutliche Korrekturen der Bußverkündigung nötig. Das heißt: es genügt nicht, die Praxis möglichst stillschweigend und unmerklich zu ändern; vielmehr wird man darüber hinaus ausdrücklich verdeutlichen müssen, wie sich die Akzente in Theologie und Praxis verschoben haben, um so alle in der Kirche instandzusetzen, den Wandel bewußt mitzuvollziehen oder auch kritisch zu beeinflussen, und letzten Endes zu einer klareren und mehr überzeugenden Praxis zu kommen. Um die Richtung anzuzeigen, möchte ich im folgenden – der Kürze wegen etwas schematisierend und gelegentlich überakzentuierend – in fünf Punkten darlegen, was man heute theologisch verantwortet sagen kann und sagen *muß* als Korrektur vorhandener Vorstellungsmuster[13].

Umkehr aus dem Motiv der Freude

Oft wird Buße als ein unvermeidlicher, unangenehmer, widriger Prozeß verstanden, den man erst durchgemacht haben muß, bevor man die Freude des Glaubens zu schmecken bekommt. Die Volksmissionen alten Stils begannen mit der Höllenpredigt; die Angst vor furchtbarer Strafe sollte die Hörer motivieren, die peinliche Buße auf sich zu nehmen. In der Gegenwart mag man solche Töne nicht anschlagen, das Motiv der Freude kommt mehr

ment« offiziell als beendet erklärt wurde, konnten sie ihre Verantwortung an die kirchlichen Vorgesetzten abgeben.

[13] Vgl. auch *F.-J. Nocke*, Engführungen in der Bußkatechese, in: *G. Stachel* (Hrsg.), Inhalte religiösen Lernens. Zürich 1977, 177–185.

ins Spiel; aber oft bleibt man doch bei der Reihenfolge: erst Buße, dann Freude[14]. Die Bußbemühung erscheint hier wie die harte Arbeit, mit der man sich die schönen Ferien verdient, oder wie das langweilige Schlangestehen an der Kasse, an der man die Eintrittskarten für ein schönes Fest bekommt. Diese Optik ist aber nicht nur pastoral heute wenig brauchbar, sondern auch theologisch fragwürdig.

Pastoral ungünstig ist sie, weil in der Gegenwart weder die Angst vor ewiger Verdammnis noch die Aussicht auf die himmlische Freude selbstverständliche Gegebenheiten sind, weil vielmehr oft die Motivationskraft des Glaubens selbst, die Freude des Evangeliums, erst erfahren werden muß, bevor man einen existentiellen Grund zur Umkehr sieht.

Theologisch fragwürdig aber ist sie, weil die Grundlogik der Evangelien genau umgekehrt verläuft. Diese drückt sich z. B. in der Kurzformel aus, in der das Markus-Evangelium die Verkündigung Jesu zusammenfaßt: »Das Reich Gottes ist nahe herbei gekommen; kehret um!«[15] Das erste ist die Nähe des Gottesreiches; das zweite (daraus folgende) die Umkehr. Matthäus verdeutlicht die Logik: »Kehrt um, *denn* das Himmelreich ist nahe herbei gekommen.«[16] Das zum Greifen nahe Himmelreich ist der *Grund* für die Umkehr.

Deutlicher illustriert und entfaltet ist diese Logik in der mit Recht in der gegenwärtigen Bußkatechese beliebt gewordenen Erzählung von der Bekehrung des Zachäus[17]. Am Anfang steht die freudige Überraschung: Jesus hält (ohne Vorbedingungen!) mit dem verhaßten Oberzöllner Tischgemeinschaft und löst ihn so aus seiner Rollenfixierung. Daraufhin kann Zachäus über seinen eigenen Schatten springen und sein halbes Vermögen den Armen anbieten.

---

[14] Vgl. z. B. die Einleitung in *H. J. Weber,* Komm! Hinführung der Kinder zum Bußsakrament und zur Eucharistie. Handreichung für den Katecheten. Sonderauflage für das Bistum Essen, St. Augustin 1978, 4.
[15] Mk 1,15.
[16] Mt 4,17.
[17] Vgl. Lk 19,1–10.

Ähnlich argumentieren die Gleichnisse von der Perle und vom Schatz im Acker[18]. Es beginnt mit einem großartigen Fund; die Freude darüber führt zur Änderung des ganzen Lebens.

Auch im Gleichnis vom verlorenen Sohn (besser: vom barmherzigen Vater)[19] geht es um den Appell, sich auf die Freude Gottes einzulassen. Lange Zeit hat eine allegorisierende Auslegung die Pointe verfälscht und die Parabel moralisierend umfunktioniert zu einer Beispielerzählung. Dabei rückte der Bekehrungsvorgang des verlorenen Sohnes (Gewissenserforschung, Reue, Vorsatz, Bekenntnis) in den Mittelpunkt. Im Sinne des Lukas-Evangeliums steht aber im Mittelpunkt des Gleichnisses die Freude des Vaters. Der Erzählung voraus geht die Tischgemeinschaft Jesu mit »allen Zöllnern und Sündern« und die Kritik der Pharisäer und Schriftgelehrten daran[20]. Um ihnen gegenüber sein Verhalten zu rechtfertigen, ja um auch sie für die Freude Gottes zu gewinnen, erzählt Jesus die Geschichte vom Vater, der die Entschuldigungen seines weggelaufenen Sohnes gar nicht abwartet, der ihm entgegenläuft und für ihn ein großes Fest veranstaltet und dann seinen älteren Sohn bewegen möchte, sich auch auf diese Freude einzulassen. Die erste Pointe dieses »doppelgipfligen« Gleichnisses ist die Freude des Vaters, die zweite der Appell zur Bekehrung – wohlgemerkt! – des *älteren,* gerechten Sohnes. Dieser wird eingeladen, an einem Fest teilzunehmen, dessen Musik und Tanz er schon hört. Die Freude geht der Umkehr voraus.

Was das für die gegenwärtige Verkündigungspraxis bedeutet, hat *Walter Kasper* treffend formuliert: »Zur Buße führt man niemand, indem man ihm ein möglichst großes und drastisches Sündenregister vorhält, indem man ihm das Leben madig macht, indem man in einer Art grobschlächtiger und indiskreter, tiefenpsychologischer Enthüllungen seine gewiß oft jämmerlichen Motive enthüllt und die unter der Decke einer bürgerlichen Wohlanständigkeit manchmal nur mühsam verborgene sittliche

[18] Vgl. Mt 13,44 ff.
[19] Vgl. Lk 15,11–32.
[20] Lk 15,1 f.

Unzulänglichkeit hervorkehrt . . .« Vielmehr: »Wenn wir als Verkündiger in unseren Gemeinden den Geist der Buße wieder mehr wecken wollen, kann das theologisch und psychologisch nicht anders geschehen, als daß wir zuerst und mit der nötigen Breite und Tiefe von der Nähe Gottes in Christus sprechen.«[21] Mit anderen Worten: Vor dem Appell zur Buße muß die Freude des Evangeliums, das Verlockende und Faszinierende des Glaubens vermittelt werden: die Erfahrung, angenommen zu sein; das Leben in christlicher Gemeinschaft als Chance, etwas aus der eigenen Existenz zu machen; die Möglichkeit, im Vertrauen auf Gott Sicherheit zu gewinnen; die Fähigkeit zur Liebe als dem Weg der Selbstverwirklichung. Nicht selten wird heute sogar das unter der Eintönigkeit des Wohlstands verschüttete oder unter dem Druck sozialer und psychischer Zwänge gelähmte Verlangen nach Glück, nach Freiheit und Liebe erst wachgerufen werden müssen. Gelingt es aber, die Erfahrung eines größeren und reicheren Lebens im Glauben an die Nähe Gottes zu vermitteln, dann wird der Ruf zur Umkehr als plausible Konsequenz erscheinen: Es wäre töricht, sich nun nicht ganz umzudrehen und die greifbar nahe gekommene Chance, das schon »geschmeckte« Glück auch fest zu ergreifen.

Noch einmal kurz: Die im Glauben zu findende Freude wird nicht allererst in der Umkehr mühsam »verdient«, die Umkehr erwächst vielmehr aus schon erfahrener Freude.

Aus diesen Überlegungen ergibt sich auch ein Gesichtspunkt für die noch nicht beendete Diskussion[22] über die Reihenfolge von Erstkommunion und Erstbeichte. Es spricht einiges dafür, Kindern, die bekanntlich zum großen Teil in der Kommunionkatechese zum ersten Mal der christlichen Botschaft begegnen, als

[21] *W. Kasper,* Wesen und Formen der Buße. Gedanken zur Erneuerung der kirchlichen Bußpraxis, in: Glaube und Geschichte. Mainz 1970, 311–329, 313. Vgl. für diese Überlegungen auch *J. Schniewind,* Die Freude der Buße, Göttingen 1956, bes. 19–87; *E. Otto/T. Schramm,* Fest und Freude, Stuttgart 1977, 109–123.
[22] Vgl. bes. den Überblick von *W. Nastainczyk,* Aktuelle Probleme der Bußerziehung, in: Katechetische Blätter 103 (1978) 40–45.

erstes nicht den Appell zur Buße, sondern die Einladung zum Fest zu vermitteln.

Buße als Befreiung

Buße wird oft auch zu eng verstanden. Das hängt zusammen mit einem schiefen und verengten Begriff von Sünde und von Erlösung. Unter Sünde stellen sich viele Zeitgenossen ein Verhalten vor, das eigentlich angenehm und dem Menschen angemessen ist, nur leider durch eine fremde Instanz verboten und mit Strafandrohung belegt. Buße ist dann der Versuch, diese Instanz zu versöhnen, Erlösung die Befreiung von der Strafe.
Eine Verkündigung, die hauptsächlich mit Verbot und Bestrafung argumentiert, bestärkt nur diese Vorstellungen. Dagegen müßte man betonen: Sünde meint Selbstentfremdung des Menschen, Perversionen, die sich gegen sein Wesen richten. Der Mensch ist geschaffen (das bedeutet mehr als nur »verpflichtet«!) zur Liebe. Er ist auf die Hingabe an das Du (Gottes und des Nächsten) hin angelegt. In der Sünde verschließt er sich krampfhaft in sich selbst. Die »Strafe« ist nichts anderes als der Schmerz dieser Selbstverkrampfung, Signal für das Weswidrige des sündigen Verhaltens. Erlösung ist Befreiung des Menschen zu sich selbst und zu seinem eigenen Glück (das er freilich findet, indem er nicht um sich selbst kreist), Buße das Sich-ein-Lassen auf diesen Befreiungsprozeß.
In der Vergangenheit haben wir zudem den Begriff Sünde häufig in aktualistischer Verengung gebraucht, als sei mit Sünde nur die einzelne, vom Menschen frei zu verantwortende Tat gemeint. Dieser Sündenbegriff trifft aber nicht das, was der Mensch von heute als Selbstentfremdung empfindet und worunter er vor allem leidet. Entgegen der in manchen kirchlichen Kreisen verbreiteten Behauptung, der Mensch von heute sei durchweg selbstgerecht und unbußfertig, wird man nämlich sagen können: Es gibt gegenwärtig ein starkes Bewußtsein menschlicher Unzulänglich-

keit, Schuld und Bosheit und eine starke Bereitschaft, ja sogar das Bedürfnis, eigenes Versagen auszusprechen. Aber dieses Versagen wird (oft, wenn auch nicht immer) weniger als Ergebnis eigener, individuell zu verantwortender Schuld denn als Folge ungünstiger gesellschaftlicher und psychologischer Voraussetzungen und Einwirkungen gewertet. Und mehr noch als unter punktuellem Fehlverhalten leidet man unter der korrumpierten eigenen Gesamtverfassung.

Angesichts dieser Erfahrung ist eine Besinnung darauf angebracht, daß Sünde im vollen theologischen Verständnis eine mehrschichtige Wirklichkeit meint, von der die einzelnen sündigen Taten nur die Außenseite sind. Im Kern geht es nicht um Sünden (im Plural), sondern um die Sünde (im Singular). Diese ist zuallererst eine »schicksalhafte Unheilsmacht«[23], welcher der Mensch sich ausgeliefert, »verkauft« sieht, die »in ihm wohnt«, ihn »knechtet« und ihn, sich selbst entfremdend, gegen sein eigenes Wollen handeln macht[24]. Erlösung meint dementsprechend Befreiung aus verunmenschlichenden Zwängen und damit Ermöglichung der eigenen Entscheidung zum Guten, nicht nur Vernichtung des Schuldscheins, sondern Heilung und Befreiung des ganzen Menschen.

Dieser in der neueren Theologie wieder freigelegte umfassendere Begriff von Sünde (bzw. Unheil) und Erlösung hat sein biblisches Fundament in dem paulinischen und johanneischen Sprachgebrauch (Sünde im Singular!)[25], vor allem aber in den Heilungserzählungen der Evangelien. Die Befreiung von lähmenden, blind-, taub- und stumm-machenden Krankheiten gehört ebenso zum Programm Jesu wie die ausdrückliche Sündenvergebung. Besonders die Geschichten von Besessenenheilungen lassen darauf schließen, daß die Übergänge zwischen Krankheit und Beherrschung durch böse und bösmachende Mächte fließend

---

[23] *F. Böckle,* Das Problem der Sünde, in: *F. X. Arnold* u. a. (Hrsg.), Handbuch der Pastoraltheologie, Bd. IV. Freiburg i. B. 1969, 115–127, 121. Vgl. auch *ders.,* Fundamentalmoral, München 1977, 133–142.

[24] Vgl. Röm 6,17; 7,14. 17.20, sowie den Kontext.

[25] Vgl. Röm 5,12.21; 6,24; 7,7–24; Joh 1,29; 8,21.34.

sind, oder richtiger: daß es auf diese Unterscheidung gar nicht ankommt. In der erlösenden Bewegung Jesu geht es um die Befreiung des ganzen Menschen, von allem, was ihn belastet und hindert, Mensch zu sein.

Dementsprechend gehört zu christlicher Bußpraxis alles, was der Befreiung des Menschen aus seinem unmenschlichen Verhalten dient. Buße verwirklicht sich in einer Vielfalt von Vollzügen, in denen der Mensch zur »Versöhnung« kommt: Versöhnung nicht »nur« mit Gott und dem Nächsten, sondern – eben darin! – auch mit sich selbst.

Vielfalt von Bußformen

Der Blick auf die Vielfalt christlicher Buße wird häufig verstellt durch die immer noch wirksame, wenn auch theoretisch längst überwundene einfache Identifikation von Buße und Beichte. Diese tritt z. B. zutage, wo man die gegenwärtige Beichtkrise selbstverständlich als Krise der Buße interpretiert und wo man alle Bemühungen um Umkehr und Versöhnung außerhalb der sakramentalen Beichte als »zweitrangige Vollzüge«[26] von Buße einstuft oder allenfalls als Vorbereitungsakte auf das Bußsakrament gelten läßt[27].

Hier liegt eine mehrfache Engführung vor. Zunächst eine Verengung der christlichen Praxis und des göttlichen Heilswirkens auf den kultischen Bereich. Alles, was im gottesdienstlichen Raum geschieht, wird grundsätzlich als höher, wichtiger und heilswirksamer eingeschätzt als die »profanen« Vollzüge des Christlichen.

---

[26] So z. B. in: *H. J. Weber,* a.a.O., 5.

[27] Dazu scheint auch der *Ordo paenitentiae* (Einführung, Nr. 37) zu neigen. Daß er, wenn auch erst auf den zweiten Blick erkennbar, faktisch doch die sündentilgende Kraft des Bußgottesdienstes bezeugt, hat *J. Finkenzeller* herausgearbeitet: Einzelbeichte, Generalabsolution und Bußgottesdienst aus dogmatischer Sicht, in: *Feifel,* a.a.O., 71–98, bes. 90–93.

Diese Vorstellung steht ganz eindeutig im Widerspruch zur neutestamentlichen Bußtheologie. Für Jesus hat die Versöhnung mit dem Bruder Vorrang vor dem kultischen Opfer[28]. Und in den neutestamentlichen Gemeinden gehören gegenseitiges Bekenntnis, brüderliche Zurechtweisung, Ermutigung, Gespräch unter vier Augen oder in kleinem Kreis – allesamt außerliturgische Vorgänge! – zu den klassischen Formen der immer neu zu leistenden Umkehr[29].

Sodann muß man von einer sakramentalistischen Engführung sprechen. Sie wird besonders erkennbar am Streit über die Zuordnung von Bußgottesdienst und Einzelbeichte bzw. über die mögliche Sakramentalität des Bußgottesdienstes. Dieser Streit ist sicher nicht gegenstandslos; aber die Intensität, mit der er geführt wird, resultiert doch zum guten Teil aus der Vorstellung, alle gottesdienstlichen Handlungen, die nicht Sakrament sind, seien im Grunde nicht richtig wirksam[30].

Wieder muß zur Korrektur dieses Verständnisses an den neutestamentlichen Befund erinnert werden. Der Ruf zur Umkehr gehört zweifellos zum Zentrum der Verkündigung Jesu, aber »an keiner Stelle fordert nach dem Zeugnis der Synoptiker der vorösterliche Jesus, daß die Umkehr einen zeichenhaften Ausdruck im Sinne eines Sakramentes finden muß«[31]. Diese Beobachtung entleert nicht die spätere kirchliche Sakramentenpraxis, aber sie zeigt doch ein Gefälle an. Die Buße selbst ist wichtiger als das Sakrament der Buße. Daß aber Versöhnung und Vergebung nicht in jedem Fall an das Sakrament gebunden sind, illustriert die Praxis der neutestamentlichen Gemeinden und der ersten Jahrhunderte der Kirchengeschichte: Die Bußform, auf die wir das Sakrament zurückführen, stellt im Neuen Testament gegenüber den vorhin genannten informellen Bußweisen eine extreme Ausnahmeregelung dar – für den Fall, daß alle übrige

[28] Vgl. Mt 5,23 f.
[29] Vgl. z. B. Jak 5,16–20; 1 Thess 5,14; Mt 18,15–18.
[30] Vgl. bes. *K. Rahner,* Bußandacht und Einzelbeichte, in: Stimmen der Zeit 97 (190. Bd., 1972) 363–372.
[31] *Finkenzeller,* Entspricht die Beichtpraxis, 33.

Bußpraxis versagt –[32], und jahrhundertelang wird sie höchstens einmal im Leben eines Christen gewährt. Die Entwicklung ging inzwischen weiter: Die wiederholbare Ohrenbeichte löste die altkirchliche Praxis der einmaligen Buße ab, und das mit guten Gründen. Aber erstens gibt es auch in der neuen Epoche vielfältige Bußformen (z. B. auch die Beichte vor einem Laien), und zweitens wird man gerade, wenn man die kirchengeschichtliche Entwicklung bejaht, sich offenhalten für weitere Entwicklungen und nicht das letzte Stadium der Geschichte verabsolutieren, indem man alles ausschließlich auf die sakramentale Beichte setzt.

Schließlich liegt hier sogar innerhalb des sakramentalen Bereichs nochmals eine »bußsakramentalistische« Engführung vor. Um es pointiert zu sagen: das »Bußsakrament« ist nicht das einzige Sakrament der Buße.

Das klassische Sakrament der Umkehr und der Vergebung ist die Taufe[33]. Davon war im vorangehenden Artikel (S. 92f.; 103f.) ausführlicher die Rede. Das alltägliche, immer wieder zu feiernde Sakrament der Versöhnung aber ist die Eucharistie[34]. Darauf weisen schon seine Grundgestalt (versöhnendes Mahl) und viele Einzelelemente der Feier hin, die im vorangehenden Artikel (S. 104f.) genannt wurden. Diese Hinweise sind nicht nur für den Liturgiker interessant. Seit dem II. Vatikanischen Konzil (in einigen Gruppen schon vorher) gibt es vielerorts das Bemühen um ein vertieftes Verständnis und eine sinnvolle Gestaltung der Eucharistiefeier. Dabei wird nicht selten auch existentiell die umwandelnde, zusammenführende und versöhnende Dynamik dieses Sakramentes erfahren. Ein klassischer Ort christlicher Umkehr und Vergebung wurde wiederentdeckt.

Gibt man die Engführung Buße = Beichte auf, so ergibt sich eine

---

[32] Vgl. bes. Mt 18,15–18. – Zu Mt 18,17b, vgl. *H. Leroy:* »Es mag diesen Extremfall geben, aber er ist ein Extremfall.« Zur Vergebung der Sünden. Die Botschaft der Evangelien, Stuttgart 1974, 50.

[33] Vgl. z. B. Mk 1,4 Par; Apg 2,38.

[34] Vgl. *J. M. Tillard,* Das Brot und der Kelch der Versöhnung, in: Concilium 7 (1971) 17–26; *H. Leroy,* a.a.O., 33–37.

Vielzahl von Bußformen: die Bereinigung von Konflikten (Schuld zugeben, um Entschuldigung bitten, Vergebung gewähren) als das tägliche Brot christlichen Miteinanderlebens; Aussprache und Beratung (das Gespräch in der Familie und unter Freunden ebenso wie der Gang zur Ehe-, Erziehungs- oder Lebensberatungsstelle); die Teilnahme an gruppendynamischen Übungen (in dem Maße, in dem diese wirklich der Befreiung und Vermenschlichung dienen); das politische Handeln zur Überwindung verunmenschlichender Zustände; Schriftlesung und Gebet; Taufe, Eucharistie, Bußgottesdienst und Einzelbeichte[35].

In all diesen Formen geschieht wirkliche Umkehr und wirkliche Vergebung durch Gott (im Maße, in dem sich die Beteiligten innerlich darauf einlassen – aber diese Bedingung gilt für die sakramentalen ebenso wie für die außersakramentalen Weisen). Es hat keinen Sinn, sie gegeneinander auszuspielen. Im Gegenteil, die verschiedenen Weisen der Buße leben voneinander. Die mehr liturgischen Formen heben ausdrücklich ins Bewußtsein und realisieren damit auf spezifische Weise, daß es bei aller Umkehr, Erneuerung und Versöhnung um Hinwendung zu Gott und Vergebung durch ihn geht, die mehr »profanen« Formen realisieren ebendiese Hinkehr zu Gott in die alltägliche Praxis des Christen hinein. Der grundsätzliche Verzicht auf die eine würde auch die andere Form aushöhlen. Das heißt aber nicht, daß alle Formen jederzeit von jedem praktiziert werden müssen. Unabdingbar gehören zu christlicher Existenz die (meist informelle) Versöhnung mit dem Bruder, die Taufe und die Eucharistie. Darüber hinaus wird der einzelne legitimerweise die Bußformen auswählen, die ihm am meisten helfen.

---

[35] Vgl. auch die Aufzählung im Synodenbeschluß »*Schwerpunkte heutiger Sakramentenpastoral*«, C. 3.

Die Chance der Beichte

Diese Überschrift ist doppeldeutig. Sie soll zunächst sagen: Die Beichte wird in Zukunft eine um so größere Chance haben, je mehr sie eingebettet ist in andere Vollzüge, als spezifischer Teil einer reichen kirchlichen Praxis, in welcher auf viele Weise Eingeständnis von Schuld, Versöhnung, Vergebung, gegenseitige Aufrichtung und Ermutigung zu Glaube und Liebe gelebt werden.

Zweitens ist mit dieser Überschrift gemeint: Die Beichte kann – innerhalb dieses Kontextes – als spezifische Chance für den Menschen von heute verdeutlicht werden. Allerdings muß dazu eine Barriere entfernt werden: die blockierende, noch dazu falsche Vorstellung vom Kirchengebot.

Gelegentlich weise ich in Glaubensgesprächen auf einen für Theologen ganz geläufigen[36] Sachverhalt hin: Kein katholischer Christ ist nach geltendem Kirchenrecht verpflichtet, jemals in seinem Leben zu beichten – ausgenommen den Fall, er hätte sich durch ein radikal unchristliches Verhalten (eine Todsünde) aus der Gemeinschaft der Kirche ausgeschlossen. Diese Mitteilung löst regelmäßig erst ungläubiges Staunen, dann befreites Aufatmen und schließlich den Vorwurf aus: »Warum hat man uns das nie gesagt?« Dabei liegt für viele die Befreiung nicht darin, daß sie ab jetzt ihre jährliche Beichte aufgeben können, sondern darin, daß sie mit ihrer längst geänderten Praxis doch nicht – wie sie bisher mit ungutem Gefühl gemeint hatten – außerhalb der Kirchenordnung stehen[37].

Dies scheint mir ein Beispiel dafür zu sein, daß man mit still-

---

[36] Vgl. die gegenüber dem alten *Codex iuris canonici* (Can. 906) deutlichere Formulierung im neuen CIC (Can. 989): »peccata . . . *gravia«,* aber auch schon die eindeutige Interpretation des bisherigen Kirchenrechts bei *K. Mörsdorf,* Lehrbuch des Kirchenrechts, Bd. II, München 9. Aufl. 1958, 86 f.; *H. Hack,* Beichtgebot, in: LThK, 2. Aufl., Bd. 2, Freiburg i. B. 1958, 128.

[37] Vgl. auch die Äußerung einer dreiundsiebzigjährigen Hausfrau, in: *K. Baumgartner,* a.a.O. (Anm. 1), 41: »Papst Paul müßte offiziell das Osterbeicht-Zwangsgebot aufheben. Eine Revolution zur Gewissensfrei-

schweigendem Belassen in falschen, einengenden Vorstellungen unnötige Entfernungen von der Kirche fördert. Solches Verhalten dient aber auch nicht dem Bußsakrament. Die Folge des (von manchen vielleicht für nützlich gehaltenen) Mißverständnisses ist ja faktisch nicht die Praxis regelmäßiger Beichte, sondern im Gegenteil eher eine psychische Blockade. Worauf man sich vielleicht einließe, wenn man es als persönliche Chance sehen könnte, davor verschließt man sich, wenn es einem unter der Überschrift des kirchlich Gebotenen präsentiert wird. Entsprechende Aufklärung kann hier nur hilfreich sein.

Ist diese geleistet, dann wird man auch größere Offenheit finden für die Überlegung, welche Chance die Beichte (über den Sonderfall der nach einer Todsünde notwendigen Wiederversöhnung mit der Kirche hinaus[38]) für den Menschen von heute bedeuten kann: die faktisch sonst nur selten vorhandene und meist schwer erreichbare Möglichkeit, sich offen auszusprechen; die Erfahrung, auch als Individuum mit seiner ganz eigenen Lebens-, Leidens- und Schuldgeschichte von Gott ernst genommen zu werden; der ausdrückliche Zuspruch der Vergebung in diese individuelle Schuldsituation hinein; die persönliche Beratung usf. Die Chance, daß das auch wirklich erfahren wird, ist in den letzten Jahren größer geworden: durch die geringere Beichtfrequenz, die nun mehr Zeit und Aufmerksamkeit für das Gespräch mit dem einzelnen ermöglicht; durch die Entwicklung von mehr kommunikativen Formen des Beichtgesprächs und auch durch die größere Mobilität: man kann heute leichter auch einen weiter entfernt wohnenden Priester aufsuchen, von dem man sich Verständnis und Tiefgang erhofft.

---

heit. Das würde ungefähr die Welt erschüttern – positiv für die kath. Kirche – wie wenn die Mauer in Berlin über Nacht eingerissen würde.«
[38] Ich gehe hier vom gegenwärtig geltenden Kirchenrecht aus. Die Frage, ob die Kirche nicht auch den Bußgottesdienst zum Instrument dieser Wiederversöhnung machen könnte, lasse ich unberührt. Vgl. dazu *K. Rahner*, a.a.O.; *Finkenzeller*, Einzelbeichte; *A. Ziegenaus*, Umkehr – Versöhnung – Freude. Zu einer theologisch verantworteten Praxis von Bußgottesdienst und Beichte, Freiburg i. B. 1975, bes. 236–250; 259–271.

Buße der ganzen Kirche

Schließlich ist auch eine individualistische Engführung im Buß-
verständnis zu korrigieren. Sie besteht in der Vorstellung, Sünde
und Buße spielten nur zwischen dem einzelnen und Gott bzw.
Jesus Christus. Dem entspricht die verengte Sicht der Funktion
des Priesters im Bußsakrament: er wird möglichst gar nicht als
Mensch und als Glied der Kirche, sondern rein als Stellvertreter
Jesu Christi gesehen. Die Trennung der Beichte vom Gemeinde-
gottesdienst, das unpersönlich-anonyme Dunkel des Beichtstuhls
und das (in sich natürlich äußerst sinnvolle und unverzichtbare)
Beichtgeheimnis haben diese Vorstellung verstärkt.
In ihr fehlt der Gedanke, daß Sünde und Buße Sache der ganzen
Kirche sind, und zwar in zweifacher Hinsicht: Erstens geht die
Sünde des einzelnen die ganze Gemeinde an, diese hat sich an
seiner Umkehr zu beteiligen. Und zweitens ist auch die Kirche als
ganze Subjekt der Buße; sie wird sündig und bedarf immer
wieder der Umkehr.
Der erste Aspekt ist theoretisch längst hinreichend geklärt. Die
Besinnung auf die altkirchliche Bußdisziplin rief in Erinnerung,
daß der Friede mit Gott im Frieden mit der kirchlichen Gemeinschaft gefunden wird[39]. Das in der neueren kirchenamtlichen
Sprache gern gebrauchte Wort von der »Versöhnung«[40] läßt das
Ineinander von göttlicher und zwischenmenschlicher Vergebung
ahnen. In der neuen offiziellen Absolutionsformel wird die
priesterliche Tätigkeit zu Verzeihung und Frieden »durch den
Dienst der Kirche«[41] in Beziehung gesetzt. Der Priester vertritt
nicht »nur« Christus, er repräsentiert die Gemeinde, die dem
einzelnen bei seiner Umkehrbemühung helfen will; auf diese
Weise begegnet dem Büßer Christus.
Allerdings verlangt dieser Gedanke, wenn er nicht reine Theorie

---

[39] Vgl. z. B. *J. Ramos-Regidor,* Die Wiederversöhnung in der Urkirche.
Anregungen für die heutige Theologie und Pastoration, in: Concilium 7
(1971) 37–43.
[40] Vgl. z. B. *Die Feier der Buße* (s. o. Anm. 11), 31; 35; 49.
[41] Ebd. 32 f.

bleiben soll, eine weitgehende Erneuerung, Verlebendigung und Vermenschlichung der Gemeindepraxis. Kirche darf dem einzelnen nicht nur als fordernde, verwaltende und richtende Instanz begegnen. Gemeinde muß erkannt und erlebt werden können als Raum, in dem man sich angenommen sieht, als Ort, an dem man Befreiung von physischer und psychischer, sozialer und individueller Not erfährt, und an dem man lernt, sein eigenes Leben sinnvoll einzusetzen, indem man auch anderen auf- und weiterhilft. Eine solche Erneuerung der Gemeindepraxis, die viele kleine Schritte erfordern wird, wäre gleichzeitig Ermöglichung von Buße, Umkehr und Versöhnung (der einzelnen Gemeindeglieder) – *und* selbst schon ein Stück Umkehr (der Gemeinde als ganzer).

Damit ist der zweite Aspekt angesprochen. Die Kirche muß lernen, auch als Kirche Buße zu tun. Sie muß zugeben, daß sie Fehler macht und sündigt, und muß um Verzeihung bitten. In diesem Punkt tun wir uns offenbar gerade in der katholischen Kirche besonders schwer. Kirchenkritik wird oft als unkirchliches, ja unchristliches Verhalten gewertet. Liebe zur Kirche wird gegen Kritik ausgespielt, als ob Liebe Kritik ausschlösse und nicht im Gegenteil sogar forderte. Ein rares und deshalb besonders wichtiges positives Beispiel ist die öffentliche Gewissenserforschung und das Schuldbekenntnis im Synodenbeschluß »Kirche und Arbeiterschaft«[42]. Daß es vielen Synodenmitgliedern schwerfiel, diesem Abschnitt zuzustimmen[43], und daß man sich auch noch in einem 1978 erschienenen katholischen Katechismus mit ihm schwertut[44],

---

[42] »*Kirche und Arbeiterschaft*«, Kap. 1, in: Gemeinsame Synode, 327–338.

[43] Für die Auseinandersetzung darüber vgl. *O. von Nell-Breuning,* Kirche und Arbeiterschaft, in: *D. Emeis – B. Sauermost* (Hrsg.), Synode – Ende oder Anfang, Düsseldorf 1976, 177–187; ferner die Literaturhinweise bei *W. Wöste,* Kirche und Arbeiterschaft, in: Gemeinsame Synode I, 313–321, Anm. 1.

[44] Vgl. *A. Bauer/W. Plöger* (Hrsg.), Botschaft des Glaubens. Ein katholischer Katechismus. Donauwörth/Essen 1978, 285 f.: Das Kapitel »Eine Gewissenserforschung« (zum Thema »Kirche und Arbeiterschaft«) bringt in Kleinstdruck und indirekter Rede (»Man habe...«) einige

sind das nicht Indizien für die mangelnde Übung in gesamtkirchlicher Buße?

Fällt aber dieser Teil kirchlicher Buße weiterhin aus, dann wird es die Botschaft von der Umkehr auch bei dem einzelnen schwer haben. In einer Kirche, die immer nur von ihren guten Seiten spricht, wird es für den einzelnen schwieriger, seine Sündigkeit zu bekennen.

Es ist aber auch theologisch eine Verkürzung, nur von der »heiligen« und nicht auch von der »sündigen« Kirche zu reden. Das bezeugen schon die Kirchenväter, die von der Kirche als »keuscher Dirne« sprachen[45], das deuten auch das II. Vatikanische Konzil im Kirchen- und im Ökumenismus-Dekret[46] und die deutschen Bischöfe in ihren »Weisungen zur kirchlichen Bußpraxis« von 1978[47] an. In erfreulicher Deutlichkeit sagt das neue Gebet- und Gesangbuch »Gotteslob« im Einführungstext zu den Bußgottesdiensten: »[...] daß die Umkehr und die Hinwendung zu Gott nicht nur für den einzelnen, sondern auch für die Gemeinschaft notwendig ist, weil auch sie immer wieder hinter

Kritikpunkte aus dem Synodenbeschluß und endet dann plötzlich mit dem Hinweis (durch größeren und halbfetten Druck hervorgehoben) auf »eine große Zahl von bedeutenden Männern und Frauen [...], die sich der Arbeiterschaft angenommen haben [...] Ketteler [...] Kolping [...] Cardijn«. Vgl. dazu die Kritik von *G. Stachel* und *J. Hilberath:* »Die Gewissenserforschung führt also nicht zur Entdeckung einer ›Schuld‹, sondern legitimiert ein ›gutes Gewissen‹! Ließe sich der einzelne Gläubige von diesem Stil der Gewissenserforschung anstecken, so ist nicht einzusehen, weshalb er der Aufforderung zum regelmäßigen Empfang des Bußsakraments Folge leisten sollte [...] Oder meinen die Autoren, wir als Kirche könnten nicht schuldig werden? Oder ist es inopportun, kirchliche Schuld ohne eine abschließende triumphale Gebärde zuzugestehen?« (Glaubensbotschaft als »gesunde Lehre«? in: Herder Korrespondenz 33 [1979] 30–36, 33).

[45] Vgl. *H. Urs von Balthasar,* Casta meretrix, in: Sponsa Verbi. Skizzen zur Theologie, Bd. II, Einsiedeln 1960, 203–305.

[46] Vgl. *K. Rahner,* Sündige Kirche nach den Dekreten des Zweiten Vatikanischen Konzils, in: Schriften zur Theologie, Bd. VI, Einsiedeln 1965, 321 bis 347.

[47] A.a.O. (s. o. Anm. 11) II, 1: »Wir wissen uns als Glieder einer Gemeinschaft von Gläubigen, die oft hinter dem Auftrag Christi zurückbleibt.«

dem Auftrag Christi zurückbleibt [...] Die ganze Gemeinde [...] muß [...] ihre Schuld eingestehen und Gott um Verzeihung bitten.«[48]

Wir sollten deshalb mutiger und öfter das öffentliche Versagen einer kirchlichen Gemeinde, der Kirche eines Landes oder auch der Weltkirche auch öffentlich beim Namen nennen, um uns dann miteinander um die Umkehr unserer Kirche zu bemühen. Wir sollten ausdrücklich sagen, daß auch dies ein notwendiger Bestandteil kirchlicher Bußpraxis ist. Das Bewußtsein, Glied einer Gemeinschaft zu sein, die ihre Angewiesenheit (und ihre Hoffnung) auf Vergebung und Versöhnung immer neu bekennt, wird auch den einzelnen in seiner Bereitschaft zur Buße und in seiner Hoffnung auf Versöhnung bestärken. Wir sollten auch nicht so tun, als hätten wir immer schon alles gewußt und richtig gemacht (und auf diese Weise sogar noch unsere Reformen verschleiern); wir sollten vielmehr zugeben, daß wir heute Fehler sehen, die wir gestern gemacht haben (welche werden wir morgen sehen?), und daß wir dazugelernt haben. So könnten auch die hier vorgeschlagenen Korrekturen selbst ein Stück Bußpraxis sein.

[48] Nr. 55.

Kirchliches Engagement angesichts unkirchlicher Jugend?

In diesen Überlegungen geht es nicht nur um die Glaubenssituation heutiger Jugendlicher, sondern mehr noch um das Selbstverständnis solcher (erwachsener!) kirchlich engagierter Christen, die sich als Eltern, Jugendseelsorger, Mitarbeiter in kirchlicher Jugendarbeit u. ä. um diese Jugendlichen bemühen und sich durch deren unerwartetes Verhalten betroffen, ja nicht selten selbst in Frage gestellt sehen. Einige grundsätzliche theologische Erwägungen könnten davor bewahren, zu resignieren, die Realitäten zu verdrängen, in einem Mißverständnis der eigenen pädagogischen oder missionarischen Verantwortung an fragwürdigen Zielen krampfhaft festzuhalten oder am eigenen Glauben zu verzweifeln.

Erfahrungen und Fragen

Viele machen ähnliche Erfahrungen mit Heranwachsenden: zunächst mögen sie die überkommene religiöse Praxis (häusliches Tischgebet, regelmäßiger Gottesdienstbesuch) nicht fortsetzen, dann wehren sie sich ausdrücklich dagegen, mit Kirche oder Christentum identifiziert zu werden (sie möchten sich in Diskussionen über den Glauben nicht auf ihr Getauftsein festlegen lassen; wer in kirchlicher Jugendarbeit mitmacht, nennt sein Engagement darin doch lieber nicht kirchlich), moralische Normen der Kirche halten sie keineswegs für verbindlich, eine kirchliche Heirat scheint vielen undenkbar, nur wenigen unproblematisch; schließlich – und spätestens hier liegt der Unterschied zu früheren oppositionellen innerkirchlichen Bewegungen (wie z. B. der kirchlichen Jugendbewegung) – scheinen zentrale

133

Worte des Glaubens wie Gott, Gebet, Gottesdienst, Jesus Christus, Gnade für sie so bedeutungslos zu werden, daß sie keine existentielle Hoffnung damit verbinden können.

Diese Erscheinungen finden sich keineswegs nur im breiten Bereich kirchlicher Randsiedler (wo sie nicht so verwunderlich wäre), sondern mitten im – wenn man es so sagen darf – christlichen Milieu: in kirchlich intensiv engagierten Familien und im engsten Umkreis des Jugendseelsorgers.

Es erscheint auch zumindest fraglich, ob man diese Erfahrungen wesentlich danach unterscheiden kann, ob es sich um ein mehr konservativ-kirchentreues oder um ein mehr progressiv-kritisches Milieu handelt. Im einen Fall stehen die Jugendlichen im schroffen Gegensatz zu den Älteren, sie fühlen sich unverstanden und alleingelassen in einer anderen Welt, in der die Grundsätze der Älteren nicht brauchbar sind. Im andern Fall macht ihnen oft die – wie sie es sehen – inkonsequente Haltung der Älteren Schwierigkeiten: Sie sehen kritische (und von daher vielleicht sympathische) Menschen an einer Kirche leiden, von der sie sich doch wiederum nicht lösen können – wie die letzten Angehörigen einer untergehenden Epoche, die den Untergang sehen, aber den Absprung nicht schaffen. Dann scheint die Lage für die Jüngeren einfacher, wenn sie gar nicht erst eine Bindung an diese Kirche eingehen.

Auf keinen Fall kann man auch diese Beobachtung dadurch relativieren, daß man die hier gemeinten Heranwachsenden einfach für oberflächlich, träge oder verantwortungslos erklärt. Ich denke vielmehr an junge Menschen, die oft und immer wieder ihr Leben reflektieren, die bereit sind, auch sich selbst und ihre augenblickliche Meinung in Frage stellen zu lassen, die nicht selten mit großer Dringlichkeit die Frage nach dem Sinn des Ganzen stellen, aber – so scheint es wenigstens – keine Möglichkeit sehen, die Antwort im christlichen Glauben zu finden. Gerade diese Erfahrung verschärft ja das Problem.

Die Erwachsenen sehen sich selbst persönlich davon betroffen: Wie konnte es kommen, daß wir das Wesentlichste nicht vermitteln konnten? Haben wir alles falsch gemacht? Hängen wir zu sehr an alten Formen? Oder war gerade die Wende zum Neuen verderblich? Rächt sich die größere Liberalität in der Erziehung? War die Öffnung der Kirche verkehrt? Oder muß man noch radikaler fragen: Hatten wir selbst schon (bei allem äußeren »Praktizieren« und bei allen geistreichen Argumenten) keinen Glauben mehr – so daß wir deshalb nichts mehr weitergeben konnten als leere Hülsen?

Wer gewohnt ist, jüngere Menschen nicht nur als Gegenstand der Erziehung anzusehen, sondern als Gesprächspartner, die ihren eigenen, neuen Beitrag einbringen, von dem man auch wieder lernen kann – und wer zudem die schmerzliche Erfahrung der Ergebnislosigkeit mancher Reformbemühungen um die Kirche gemacht hat, sieht sich versucht, in umgekehrter Richtung zu fragen: Haben nicht vielleicht die Jüngeren recht, wenn sie einfach »auswandern«? Sprechen nicht viele leidvolle Erfahrungen mit der Kirche dafür? Wird nicht das eigentlich christliche Anliegen durch kirchliche Praktiken, durch »das katholische Milieu«, durch den Mißbrauch von Schriftworten und Glaubensformeln in der Kirche so sehr verdunkelt, daß man sich fragen muß, ob nicht der Geist Christi mehr dort ist, wo nicht von ihm die Rede ist, als da, wo offiziell sein Evangelium verkündet wird?

Dieser Gedanke muß ja nicht einmal unbedingt Ausdruck von Verzweiflung sein. Denn auch der kirchliche Christ kann heute davon ausgehen, daß die Heilsnotwendigkeit der Kirche nicht in jeder Hinsicht absolut ist. Die katholische Theologie sieht nicht mehr die Kirche so eindeutig und ausschließlich als Arche des Heils, daß, wer nicht in ihr ist, mit Sicherheit ertränke in der Flut des Unheils[1]. Auch die Dokumente des II. Vatikanischen Konzils

---

[1] »Dem modernen Bewußtsein drängt sich die Gewißheit göttlichen Erbarmens auch über die Grenzen der rechtlich verfaßten Kirche hinaus mit einer solch elementaren Wucht auf, daß darin letztlich gar kein Problem mehr liegen kann; um so mehr wird aber dann eine Kirche fraglich, die über anderthalb Jahrtausende hin den Anspruch der Heilsausschließlichkeit nicht nur geduldet, sondern zu einem wesentlichen Element ihres Selbstverständnisses erhoben und zu einem Teil ihres Glaubens selbst

lassen das erkennen. (Davon wird unten noch die Rede sein.) Welchen Sinn soll es dann aber haben, trotz allem in dieser Kirche weiter zu praktizieren, sich um eine Verchristlichung der Kirche, um innere und äußere Reformen zu bemühen?

Die Frage nach der unkirchlichen Jugend wird – zumal für den kritischen Christen – zur Frage nach seiner eigenen Kirchlichkeit.

Differenzierungen

Bevor wir dieser Frage weiter nachgehen, wollen wir die Situation der Jugendlichen noch etwas genauer ansehen. Ich habe ja bislang – um einige typische Momente hervorzuheben – sehr pauschal vom Verhalten junger Menschen gesprochen. In Wirklichkeit bietet sich natürlich ein viel differenzierteres Bild.

gemacht zu haben scheint. Fällt dieser Anspruch – und niemand erhebt ihn mehr ernstlich –, so scheint damit die Kirche selbst in Frage gestellt.« *J. Ratzinger,* Kein Heil außerhalb der Kirche? in: Das neue Volk Gottes, Düsseldorf [2]1970, 339–361, Zitat 339.

Vgl. vom selben Verfasser: Die neuen Heiden und die Kirche, ebd. 325 bis 338; Das Problem der Absolutheit des christlichen Heilswegs, ebd. 362 bis 375; Vom Sinn des Christseins, München [2]1966, 35–52; ferner *K. Rahner,* Der Christ und seine ungläubigen Verwandten, in: Schriften zur Theologie, Bd. III, Einsiedeln 1956, 419–439; Der Mensch von heute und die Religion, ebd., Bd. VI (1965), 13–33; Die anonymen Christen, ebd. 545 bis 554; Atheismus und implizites Christentum, ebd., Bd. VIII (1967) 187 bis 212; Kirche, Kirchen und Religionen, ebd., 355–373; Anonymes Christentum und Missionsauftrag der Kirche, ebd., Bd. IX (1970) 498–518; Bemerkungen zum Problem des »anonymen Christen«, ebd., Bd. X (1972), 531–546; Über den Absolutheitsanspruch des Christentums, ebd., Bd. XV (1983), 171–184; *H. Küng,* Christenheit als Minderheit, Einsiedeln [2]1966; *Y. Congar,* Außer der Kirche kein Heil, Essen 1961; *ders.,* Außerhalb der Kirche kein Heil, in: Heilige Kirche, Stuttgart 1966, 434–450; *ders.,* Über das Heil der Nicht-Katholiken, ebd. 451–464.

Zunächst darf man nicht übersehen, daß viele – wahrscheinlich die meisten – jungen Menschen bezüglich des Glaubens unentschieden sind. Wer die religiösen Praktiken nicht mitvollzieht, darf deshalb noch nicht als achristlich gelten. Nicht wenige fragen nachdrücklich nach dem Sinn ihres Daseins, suchen Werte, für die zu leben sich lohnt, erkennen ethische Ansprüche an und sind bereit, sich ihnen zu stellen, vertreten zwar in Diskussionen über Inhalte des christlichen Glaubens durchweg eine verneinende Position, drängen aber doch immer wieder auf solche Auseinandersetzungen. Man stuft sie leicht als »Nicht-Praktizierende« ein (die Fragwürdigkeit dieses Begriffs wird immer deutlicher), sie müßten aber genauer als »noch unentschieden« erkannt werden: Sie selbst wissen noch nicht – und niemand weiß es – ob sie die Antwort auf die Fragen nach dem Sinn des Lebens in der Sprache der Kirche werden formulieren können.

Das darf eigentlich nicht verwundern, wenn man nur die häufig besprochene Tatsache bedenkt, daß wir im Übergang von der »Volkskirche« zu einer neuen Gestalt von Kirche stehen, in welcher die freie und überlegte Glaubensentscheidung eine größere Rolle spielt als bisher. Wenn es wahr ist, daß, wie *K. Rahner* sagte, wir im Übergang sind »zu einer Kirche als derjenigen Gemeinschaft der Glaubenden, die sich in einem je persönlichen, freien Glaubensentschluß auch kritisch absetzen von dem durchschnittlichen Meinen und Empfinden ihrer gesellschaftlichen Umwelt und die auch den eigentlich theologischen Glauben vielleicht gerade in und durch ein kritisches Verhältnis zu ihrer Gesellschaft und zu deren beherrschenden Mächten finden und eigentümlich prägen«[2], dann kann gar nicht damit gerechnet werden, daß Jugendliche (also Menschen, die noch gar nicht radikal zu ihrem eigenen Leben Stellung nehmen konnten, sondern die eben erst dabei sind, dieses Leben und seine Möglichkeiten

---

[2] *K. Rahner,* Strukturwandel der Kirche als Aufgabe und Chance, Freiburg i. B. 1972, 26.

kennenzulernen) sich schon mit einer bestimmten Glaubenshaltung identifizieren. Vielleicht müssen sie im Gegenteil sogar erst einmal Abstand gewinnen, um Stellung nehmen zu können. (Die herkömmliche pastorale Kategorie der »Abständigen« paßt hier nicht.)

Dies braucht nicht als das tragische Schicksal unserer Zeit beklagt zu werden, in das die heutige Jugend hineingerät, während frühere Generationen davon verschont blieben; diese Situation bedeutet ebensosehr eine Chance zu einem vertieften, stärker existentiell angenommenen und gelebten Glauben. Die Tatsache, daß früher die Wahrscheinlichkeit ungleich größer war, daß die Heranwachsenden sich schließlich doch mit der Kirche arrangierten und im großen und ganzen in ihrem Raum verblieben, während heute und für die nächsten Jahre mit einer radikaleren Distanzierung bis hin zum Kirchenaustritt in vielen Fällen zu rechnen ist, ist noch kein Gegeneinwand. Nicht als ob hier ein Rigorismus vertreten werden sollte, der sich über die gesundgeschrumpfte Kirche von morgen freut und dafür die Preisgabe der vielen gern in Kauf nimmt, die nicht mehr den Weg bis an die Tore dieser Kirche finden (unsere ganzen Überlegungen erhalten ja von der Verbundenheit mit diesen vielen her ihr Gewicht!), nein: Gerade auch für die vielen kann die gegenwärtige Situation des verstärkten Suchens und Erprobens Chance und Gewinn sein. Man darf nur den Gewinn (auch und gerade den »Heils«gewinn) nicht einfach daran messen, ob sie schließlich wieder in der Kirche ankommen oder nicht.

Unterschiedliche Gruppen

Als wir vor einiger Zeit im Gespräch mit Jugendseelsorgern, kirchlich engagierten Pädagogen und Eltern versuchten, verschiedene Gruppen von Jugendlichen in unserem Erfahrungsbereich zu charakterisieren, kamen wir zu fünf Erscheinungsformen:

– Jugendgruppen, die in der Kirche durch *Kritik und Protest* auffallen, die der Kirche bzw. einer konkreten Ortsgemeinde

138

unchristliches Verhalten vorwerfen, gegen erstarrte Denkgewohnheiten und Lebensformen angehen. Oft berufen sie sich auf Jesus und sein Evangelium gegen eine bestimmte kirchliche Praxis oder – in den letzten Jahren mehr – für eine bestimmte politische Praxis, für die sie auch die Kirche gewinnen möchten. Sie sind stark an der Kirche interessiert, wenn sie auch oft in Konflikt mit kirchlichen Amtsträgern geraten.

– Gruppen von Jugendlichen, die – wenn man es einmal so formulieren darf – ausgesprochen *Geschmack am Religiösen* haben: die stundenlang miteinander singen, beten, meditieren können und die sich gern auf die Sprache religiöser Gebärden einlassen. Finden sie eine Möglichkeit, diese Dinge in der Liturgie zu erleben, dann reisen sie evtl. von weither dazu an, nehmen sich Zeit dafür, sind gern bereit, eine Feier mitzugestalten. Hier kann man m. E. von einer großen Offenheit für das Sakrament sprechen. Ihr Verhältnis zur Kirche kann aber unterschiedlich sein. Im Glücksfall machen sie entsprechende Erfahrungen in ihrer Heimatgemeinde, einer Jugendgruppe am Ort o. ä. und fühlen sich dann dort zu Hause. Der häufigere Fall wird sein, daß sie das, was sie suchen, nur in Ausnahmesituationen finden (in Taizé zum Beispiel, auf einem Katholikentag oder einem Evangelischen Kirchentag, bei besonders arrangierten Jugendtreffen). Dann leben sie weiter entfernt von der institutionalisierten Kirche – ohne sich deshalb unbedingt ausdrücklich mir ihr auseinandersetzen zu wollen.

– Gruppen von jungen Menschen, für welche der Begriff *Kirche* eindeutig *negativ* besetzt ist und die deshalb entschieden nicht zur Kirche gezählt werden möchten, die aber bei der Frage nach gültigen Handlungsmaßstäben und nach dem Sinn ihrer Existenz immer wieder auf Jesus von Nazaret und sein Evangelium zurückkommen.

– Gruppen von Jugendlichen, die sozial sehr sensibel sein können, sich praktisch engagieren, ihre Erfahrungen intensiv reflektieren und auf diese Weise versuchen, sich selbst zu finden, für die sich aber mit dem Namen *Jesus keine Hoffnung* verbindet.

– Schließlich solche, die zwar auch Wert auf Begegnung, Zusammenkunft, Gemeinschaft legen, in deren Zusammenkünften aber *keine Auseinandersetzungen mit einer tieferen Problematik* erkennbar sind. Hier wäre allerdings nochmal zu unterscheiden: Es gibt Gruppierungen von jungen Menschen, die zwar von einem dringenden Bedürfnis nach Überwindung ihrer Einsamkeit und nach Selbstfindung zusammengeführt werden, die aber *im* Zusammensein nicht fähig sind zu der eigentlich gesuchten Kommunikation. Oft muß laute Musik die Tatsache verdecken, daß man nicht miteinander zu sprechen vermag. Ein Beobachter wird auf den ersten Blick nicht leicht sagen können, ob es sich um Anspruchslosigkeit, hilflose Erwartung oder um Resignation handelt. Und es gibt – zweitens – Gruppierungen Jugendlicher, die primär ein mehr sachliches Interesse (Hobby, Ausbildung, Sport) verbindet. Grundentscheidungen werden nicht thematisiert, weil sie hier oder jetzt nicht »dran« sind.

An sich dürften in diesem Zusammenhang auch die Jugendreligionen sowie neuere innerkatholische konservativ-rigorose Gruppen, wie sie etwa im Umfeld des »Opus Dei« zu finden sind, nicht unerwähnt bleiben; aus methodischen Gründen (d. h., weil das eine eigene gründlichere Befassung mit diesen Phänomenen erfordern würde) sehe ich aber an dieser Stelle von dem Versuch ab, sie ähnlich wie die vorgenannten Gruppierungen zu charakterisieren. Mindestens ebenso wichtig ist allerdings der Hinweis auf die große Zahl von Jugendlichen, die in *keiner* Gruppe zu Hause sind. Ihr Verhältnis zu Glaube und Kirche könnte wohl ähnlich aufgeschlüsselt werden, wie das eben bezüglich der Gruppen geschah. Ich breche aber hier ab (es geht in diesem Kapitel ja primär nicht um eine Situations*beschreibung,* sondern um eine theologische *Orientierung zum Umgang* mit der angedeuteten Situation) und werfe nur noch einen Blick auf das eben schon kurz angesprochene Phänomen einer neuen kirchendistanzierten Religiosität.

Hierüber ist in den letzten Jahren viel nachgedacht und veröffentlicht worden, was an dieser Stelle nicht im einzelnen referiert zu werden braucht[3]. Nur auf *einen* Aspekt, der mir sakramententheologisch von einiger Bedeutung zu sein scheint, möchte ich besonders hinweisen. *Fulbert Steffensky* hat ihn kürzlich anschaulich zur Sprache gebracht: »Als im Frühjahr 1980 Menschen in der Nähe von Gorleben einen Bohrplatz besetzten, um gegen die Atomgefahr zu protestieren, da haben sie sich nicht nur taktisch verhalten und mit rationalen Mitteln erreichbare Ziele angestrebt. Sie haben auch getanzt, gespielt, gebetet, meditiert, Gottesdienste gehalten, eine Holzkirche gebaut, sich die Geschichten einer fremden Tradition angeeignet. Sie haben sich phantastisch gekleidet und ihren Wünschen in vielen Formen eine tänzerische Gestalt gegeben. Sie haben sich in ihrer eigenen Ohnmacht in vielen Rückgriffen die Geschichten des gelingenden Lebens erzählt. Sie, die der Kirche gegenüber eher distant sind oder sie gar nicht kennen, haben sich vieler Hoffnungsgebärden dieser Kirche bedient und ihre Interessen mit den Tänzen der Alten gespielt. Ähnliches kann man an vielen anderen Stellen beobachten . . .« Ich denke, ganz unabhängig davon, wie man zur Anti-Atomkraft-Bewegung steht, wird einen Theologen diese überraschende Wiederentdeckung einer Kultur von Gebärden und Hoffnung schaffendem Erzählen interessieren. Steffensky fragt sich, ob die Menschen diese ursprünglich besonders in der

---

[3] Vgl. *K. Forster* (Hrsg.), Religiös ohne Kirche?, Mainz 1977; *J. Höffner,* Pastoral der Kirchenfremden. Eröffnungsreferat bei der Herbstvollversammlung der Deutschen Bischofskonferenz 1979 in Fulda, Bonn o. J.; *W. Kempf,* Für euch und für alle. Brief des Bischofs von Limburg zur Fastenzeit 1981 an die Gemeinden des Bistums, besonders an ihre sogenannten Fernstehenden, Limburg 1981 (auch in: W. Kempf, Auf Dein Wort hin, Limburg 1981, 170–267); *N. Mette,* Kirchlich distanzierte Christlichkeit, München 1982; *ders.,* »Kirchenfremde« – eine Anfrage an die liturgische Praxis, in: Katechetische Blätter 109 (1984) 693–698. Für die dogmatische Bewertung vgl. *K. Rahner,* Kirchliche und außerkirchliche Religiosität, in: ders., Schriften zur Theologie, Bd. XII, Zürich 1975, 582–598.

katholischen Tradition angebotene Möglichkeit, in Geschichten und Gebärden die eigene Hoffnung zu feiern, künftig überhaupt noch von den großen christlichen Kirchen erwarten werden, und meint dann: »Es kommt mir manchmal vor, als ob sich diese Gebärden eher wie Efeu um unsere Kirchen rankten; als ob die Menschen, die sich diese Geschichten erzählen, außerhalb unserer Kirchen säßen, aber ganz nahe bei ihr, mit der Tradition des Christentums sich immer mehr verbindend, getrennt aber von dessen kirchlicher Organisation. Ein Beispiel dafür sind die Kirchentage und die Katholikentage. Auf ihnen finden sich immer mehr Gruppen und einzelne, die kaum lebendige Mitglieder ihrer Gemeinden sind. Aber zu diesen Tagen kommen sie. Dort verhandeln sie ihre Interessen und Themen, nicht identisch mit der Kirche und nicht getrennt von den Geschichten des Christentums.«[4]

Steffensky spricht nicht nur von Jugendlichen. Aber man hat sofort das Bild der vielen Jugendlichen auf den Katholikentagen vor Augen, welche die Veranstalter gleichzeitig erfreuen (weil sie es als Erfolg werten, daß sich so viele junge Menschen angezogen fühlen) und in Verlegenheit bringen (weil sie nicht recht wissen, was sie mit den Jugendlichen anfangen sollen). Welche Bedeutung hat für solche Menschen die Kirche? Die Frage ist diesmal nicht nur psychologisch gemeint, sondern auch dogmatisch: Welchen Anteil haben sie an der von der Kirche verkündeten und in ihren Sakramenten gefeierten Heilswirklichkeit, wenn sie gleichsam draußen vor dem Portal auf den Stufen sitzen bleiben?

Beziehen wir die oben skizzierten Gruppen in diese Frage ein: Jugendliche solch verschiedener Typen begegnen uns im schulischen Religionsunterricht; sie finden Platz in kirchlichen Jugendheimen; Eltern räumen einen Keller für sie aus, damit sie darin hausen können ... Aber mancher fragt sich: Erweisen wir damit den Jugendlichen wirklich einen guten Dienst? Oder kennzeich-

---

[4] *F. Steffensky,* Die Hoffnung kennt viele Gebärden. Über die Bedeutung von Glaubensritualen im Leben der Katholiken, in: Süddeutsche Zeitung vom 30. 6./1. 7. 84, Feuilleton-Beilage S. I.

net diese Lage das Ende aller christlichen Erziehungsbemühungen, den Ausverkauf kirchlicher Verkündigung und Jugendarbeit?

Einige theologische Überlegungen

Begriffliche Klärung

Vorweg müssen wir uns darüber verständigen, was wir mit »Kirche« meinen. Das Wort wird mit unterschiedlicher Bedeutung verwendet. Man kann es so weit ausdehnen, daß es auch diejenigen Menschen einschließt, die sich nicht auf Christus berufen, in deren Handeln er aber, ob sie es wissen oder nicht, präsent ist – gemäß dem Wort: »Was ihr einem meiner geringsten Brüder getan habt, habt ihr mir getan.« (Mt 25,40). Dann träfe der Begriff »Kirche« letzlich auf alle Vollzüge sinnvollen Lebens zu und könnte auch die oben als dritte und vierte Gruppe skizzierten Typen umfassen. So nützlich solcher Sprachgebrauch auch gelegentlich sein kann, wenn es darum geht, eine Überschätzung der Institution abzubauen – unserer Überlegung hilft er weniger. Wir müßten dann ja, um unser Problem formulieren zu können, wieder weiter unterscheiden, etwa (wie *Dorothee Sölle*[5]) in »manifeste« und »latente« Kirche. Deshalb ziehe ich den engeren und präziseren Begriff vor: Kirche als die Gemeinschaft derer, die an Jesus Christus glauben und diesen Glauben auch im Wort bekennen und im Sakrament feiern.

Prioritäten

Diese Kirche ist aber – auch nach heutigem katholischen Verständnis – keine absolute Größe. Trotz ihrer unersetzbaren Funktion für die Heilsgeschichte der gesamten Menschheit darf das

[5] Vgl. *D. Sölle,* Kirche außerhalb der Kirche, in: *dies.,* Die Wahrheit ist konkret, Olten [4]1968, 117–129.

alte Axiom »Außerhalb der Kirche kein Heil« nicht ohne weiteres auf das Schicksal jedes einzelnen oder auch jedes Volkes angewandt werden.

»Wer das Evangelium Christi und seine Kirche nicht kennt«, sagt die Kirchenkonstitution des II. Vatikanischen Konzils[6], »Gott aber aus ehrlichem Herzen sucht, seinen im Anruf des Gewissens erkannten Willen [...] in der Tat zu erfüllen trachtet, kann das ewige Heil erlangen. Die göttliche Vorsehung verweigert auch denen das zum Heil Notwendige nicht, die ohne Schuld noch nicht zur ausdrücklichen Anerkennung Gottes gekommen sind, jedoch [...] das rechte Leben zu erreichen suchen.« Im nächsten Satz wird dann von dem »Guten und Wahren« gesprochen, das sich auch bei solchen als Gabe Gottes finde. Daß es passieren kann, daß man trotz Religionsunterricht und Gemeindepraxis »das Evangelium Christi und seine Kirche nicht kennt«, muß man nach dem, was wir oben über das Verhalten vieler junger Menschen sagten, doch ernsthaft für möglich halten.

So sehr die Kirche grundsätzlich Weg zum Heil ist, so wenig ist sie selbst das Heil. Auch in der Verkündigung Jesu steht die Kirche bei weitem nicht an erster Stelle. In den vier Evangelien kommt das Wort »Kirche« nicht vor, außer an zwei eng benachbarten Stellen desselben Evangelisten (Mt 16,18 und 18,17), deren historische Echtheit als ursprüngliche Jesusworte stark umstritten ist. Dagegen begegnet uns rund hundertmal in den Evangelien der zentrale Begriff »Reich Gottes«. Die Nähe dieses Reiches verkündet und bringt Jesus: vergebende Nähe Gottes zu jedem Menschen. Jeder darf sich angenommen und geliebt wissen. Von Gott her ist jeder unendlich wertvoll und liebenswert. Vielleicht kann man das entsprechende Verhalten, zu dem Jesus aufruft, in den zwei Worten »Vertrauen« und »Liebe« zusammenfassen. Mit diesem Aufruf führt Jesus den Menschen zu sich selbst; dieser Ordnung gehört die Zukunft. Wenn hier der Kern der Botschaft Jesu liegt, dann muß alles andere in Relation dazu gesehen werden.

---

[6] Lumen gentium, Nr. 16. Vgl. hierzu auch die Anm. 1 gen. Literatur.

Freilich: die neue Nähe Gottes schafft eine neue Nähe der Menschen zueinander. Es ist deshalb nur konsequent, daß die Botschaft Jesu schon zu seinen Lebzeiten Menschen zusammenführt, die später Kirche werden. Aber diese Kirche ist eben *Konsequenz* – und nicht der zentrale *Inhalt* der Botschaft.

Dieses Gefälle drückt die Kirche selbst in ihrem Glaubensbekenntnis aus, wenn sie in der Formulierung unterscheidet: »Credo *in* Deum«, »*in* Jesum Christum« und »*in* Spiritum sanctum«, aber »credo ecclesiam«: Ziel der Glaubenshingabe ist der Gott Jesu Christi, sein Geist. Obwohl der Glaubende sich zur Kirche bekennt, so glaubt er doch nicht »an« sie, wie er an Gott glaubt.[7]

Vielleicht muß man noch etwas weitergehen: Gibt es nicht nochmals ein Gefälle zwischen der Person (dem Namen) Jesu und seiner Botschaft? Ist nicht in der ursprünglichen Verkündigung Jesu die Botschaft (vom Reich Gottes) wichtiger als er selbst? Er konnte für diese Botschaft sterben! Und die Exegese belehrt uns, daß die historischen Jesusworte keine ausdrückliche Christologie enthalten. Zwar sind auch in der Verkündigung des historischen Jesus Momente einer »impliziten Christologie« erkennbar: die Sicherheit und Selbstverständlichkeit, mit der er seine Sache mit der Sache Gottes identifiziert – die Souveränität, mit der er den Willen Gottes gegen die Tradition auslegt – sein unbedingter Anspruch, »jetzt« umzukehren und ihm zu folgen, usf. Aber ist nicht die Tatsache von bleibender Bedeutung, daß Jesus trotzdem nicht sich selbst zum Mittelpunkt seiner Botschaft macht, sondern das Reich Gottes, dem er dient? Wenn später, nach Ostern, aus dem Verkündiger der Verkündigte wird, so liegt zweifellos auch darin eine wichtige Aussage: es zeigt, daß die Sache Jesu grundsätzlich nicht von seiner Person ablösbar ist. Deshalb braucht aber nicht vergessen zu werden, daß Jesus über sich selbst hinausweist auf ein sinngebendes und erlösendes

---

[7] Vgl. *W. Kasper,* Einführung in den Glauben, Mainz 1972, 95 f. Kasper zitiert in diesem Zusammenhang *Thomas von Aquin,* Summa theologiae II/II, q.6, a.1. Mir scheint allerdings, daß z. B. S. th. II/II, q.2, a.2 zum Verständnis dieser Unterscheidung mehr beiträgt.

Geheimnis (das er Vater nennt, »größer als ich«: Joh 14,28), mit anderen Worten: daß für ihn der Inhalt seiner Botschaft wichtiger ist als er selbst. Oder, sagen wir etwas vorsichtiger: daß er wichtig ist, *weil* er diese Botschaft verkörpert.

Sinn der Unterscheidung

Diese Unterscheidung ist nicht theologisches Gedankenspiel. Sie soll vielmehr helfen, angesichts der von uns aufgeworfenen Fragen Prioritäten zu finden.

Grundsätzlich gehören zwar Kirche, Jesus und die Botschaft vom Reich Gottes zusammen. In concreto könnte es aber nötig sein zu differenzieren:

– Unbedingt und vor allem wichtig ist, was wir die Botschaft Jesu nannten: die Botschaft vom liebenden und Liebe fordernden *Gott*. Dazu ist noch zu bedenken: Wenn es richtig ist, daß wir »Gott« das letzte, begrifflich nicht einholbare Geheimnis unserer Existenz, den umfassenden Sinn des Ganzen nennen, dann wird man doch sagen dürfen: Wo einer sich ehrlich und gründlich die Frage nach dem Sinn stellt (wer bin ich? wozu bin ich da?), da sucht er, ob das Wort fällt oder nicht, ja vielleicht sogar, wenn er es verwirft, eben diesen Gott. Und wo er sich auf eine Antwort einläßt, die ihm sagt: Ich bin geliebt; ich bin dazu da, mich anderen zuzuwenden; so – nur so! – finde ich das Geheimnis, das mich zu einem geliebten Wesen macht, wo einer es wagt, dieser Antwort zu vertrauen und sie zu leben (indem er sich selbst annimmt und den anderen so wichtig nimmt wie sich selbst), da läßt er sich auf Gott ein; nicht auf irgendeinen Gott irgendeiner Religion oder irgendeiner Ideologie, sondern auf den Gott Jesu Christi.

– Der Glaube an *Jesus Christus* ist Weg zu diesem Ziel. Christus ist »Weg«, »Tür«, Hilfe, Ermöglichung, aber nicht das letzte Ziel. Die klassische Gebetsrichtung »durch Christus zum Vater« ist auch Glaubensstruktur. Das ausdrückliche Bekenntnis zu Jesus von Nazaret darf nicht verabsolutiert werden gegenüber dem letztentscheidenden Glaubensakt.

– Wohl ist, wenn die Botschaft Jesu nicht verlorengehen soll, *Kirche* notwendig. Und wo diese Botschaft ausgesprochen und gelebt wird, entsteht (immer wieder) so etwas wie Kirche. Aber diese Kirche hat nur relativen Wert: relativ zur Person und zur Botschaft Jesu. Die Kirche ist nur relativ heilsnotwendig. Man kann es auch so formulieren: Die Kirche hat eine positive Heilsbedeutung auch für die, welche nicht in ihr leben. Sie ist nicht nur für ihre Mitglieder da, sondern für die ganze Menschheit (ohne daß diese sich unbedingt in der Kirche versammeln müßte). Sie soll nicht nur rettende Arche sein, sondern auch Feuerschiff, das den Seefahrern in anderen Booten Orientierung geben kann. Sie soll eine Hoffnung wachhalten, die größer ist als sie selbst.

Wir setzen, was grundsätzlich zusammengehört, deshalb so akzentuiert gegeneinander ab, weil es heute – nach einer langen Kirchengeschichte, in welcher die Worte des Glaubens nicht nur positiv gewirkt haben, sondern auch z. T. verbraucht, sinnentleert wurden – gar nicht mehr so selbstverständlich und für jeden einsichtig ist, daß Kirche wirklich auf Jesus von Nazaret verweist und daß das Bekenntnis zu Jesus sich auf das letzte, alles fordernde und allem Sinn gebende Geheimnis unseres Daseins richtet. An sich klassische Wege sind für manche so verbaut, daß sie de facto nicht zum Ziel führen. Deshalb müssen wir achtgeben, daß wir Weg und Ziel nicht miteinander verwechseln.

Das heißt praktisch: Wenn junge Menschen sich von Kirche und christlichem Glaubensbekenntnis absetzen, um mit sich selbst ins Reine zu kommen und sich einem Anspruch stellen, dessen Sinn ihnen einleuchtet, dann muß es nicht unbedingt Aufgabe der Eltern oder der Jugendseelsorger sein, sie um jeden Preis im Raum der Kirche zu halten. Wenn der Preis die Verdrängung der radikalen Glaubensentscheidung wäre, so wäre er zu hoch: die Prioritäten wären nicht gesehen.

Denn praktisch, für die subjektive Situation des einzelnen, kann eben doch die Kirche dem Glauben an den Gott Jesu Christi im Wege stehen. Wenn es auch wahr bleibt, daß in der Menschheitsgeschichte die Botschaft Jesu auf die Dauer nicht geglaubt und gelebt werden kann ohne die Nennung seines Namens und ohne Kirche, so kann es doch in der Lebensgeschichte des einzelnen vorkommen, daß er das Erste (das Wichtigste, das letzte Ziel!) bejaht, ohne sich ausdrücklich zum Zweiten und Dritten (zu dem »Weg«) zu bekennen. Ja, es kann sein, daß er damit begann, als er aus dem Raum herkömmlichen Verhaltens (vielleicht gehören die religiösen Praktiken für ihn dazu) ausbrach und seinen eigenen Weg einer mühevollen Auseinandersetzung mit dem Leben anfing.

Praktische Konsequenzen

Für die »betroffenen« erwachsenen Christen, an die wir eingangs dachten, könnten sich aus diesen Überlegungen zwei praktische Konsequenzen ergeben.

Für das Verhältnis zur Jugend

Der Jugendseelsorger, der dem Verlangen der Jugendlichen nach Begegnungsmöglichkeit und Gruppenbildung entgegenkommt, der sich auf ihre Gesprächswünsche einläßt, auch wenn darin keine christlichen Vokabeln fallen, braucht nicht zu meinen, seine Arbeit werde erst dadurch gerechtfertigt, daß sie schließlich doch wenigstens einige junge Menschen in den Raum der Kirche führe. Für ihn wie für Eltern und ältere Freunde gilt – gerade vom Glauben an die Botschaft Jesu her: Sinn hat jede Bemühung, die dem Jugendlichen hilft, mehr zu sich selbst zu kommen, sich selbst zu erfahren und anzunehmen, den Fragen, welche die eigene Existenz und die Begegnung mit anderen ihm stellen, nicht auszuweichen und auch die letzte Frage nach dem Sinn des Ganzen und nach dem absoluten Anspruch zuzulassen. Und wenn es gelingt, die Erfahrung zu vermitteln, daß nichts so frei macht wie das Wagnis des Vertrauens und der Liebe, dann ist das Wichtigste gewonnen. Die Sprache, in der diese Erfahrung artikuliert wird, ist zwar nicht unwichtig, aber doch von zweitrangiger Bedeutung. »Gelingt es uns, einem Menschen zu seiner Liebesfähigkeit zu verhelfen, dann haben wir das getan, was wir tun sollten.«[8]

Gerade der Glaube an einen Gott, der größer ist als alle Kategorien des Glaubens, ermöglicht eine relative Gelassenheit gegenüber der Frage, wie »kirchlich« das Endverhalten des Jugendlichen ausfällt. Wenn der einzelne sich von der Kirche distanziert, so muß das nicht Eltern oder Jugendseelsorger vor die Alternative führen, sich entweder von ihm zu trennen oder alle Kräfte darauf zu konzentrieren, ihn »zurückzugewinnen«. Es kann vielmehr ihre Aufgabe sein, den jungen Menschen in die Freiheit zu entlassen und ihm gleichzeitig auch »draußen« zur Verfügung zu stehen.

Für das Verhältnis zur Kirche

Die andere Frage, die wir im ersten Teil stellten, betraf das Selbstverständnis, die »Kirchlichkeit« kritisch engagierter erwachsener Christen. Ich habe inzwischen von der Relativität der Kirche gesprochen. Das schien mir wichtig. Indessen ist auch nicht unerheblich, was aus der Kirche wird.

Die Botschaft Jesu kann zwar auch außerhalb der Kirche lebendig werden, sie kann eine Zeitlang auch stumm, unausdrücklich, »anonym« weiterleben; es kann sogar sein, daß sie außerhalb lebendiger ist als in der Kirche. Aber sie kann das nicht auf die Dauer. Deshalb ist Kirche unverzichtbar. Das Wort muß weitergesagt werden. Notfalls schlecht und recht. Das ist immer noch mehr, als wenn das Evangelium vergessen würde[9].

---

[8] *O. Betz*, Gruppendynamische Ansätze, das Lieben zu lernen, in: Katechetische Blätter 98 (1973) 65–75, hier 65.

[9] Das betont z. B. auch *D. Sölle:* »Die verfaßte Kirche hat ihre Existenzberechtigung in der Verkündigung des Evangeliums. Das Evangelium geschieht zwar auch schon ohne dies in der Welt, aber es will gesagt, erläutert, gedacht und weitergegeben werden. Die Kirche außerhalb kann überhaupt nur entdeckt werden von der sichtbar verfaßten Kirche her.

Wenn allerdings dies Wort neu zünden soll, so daß Menschen in der Kirche und außerhalb ihrer davon leben können, dann muß es nicht nur gesagt, sondern auch gelebt, bezeugt werden. Abstrakte Orthodoxie genügt nicht. Erst die Praxis macht das Wort zum Zeugnis. Deshalb ist die Bemühung um die konkrete Kirche und ihre Praxis wichtig. Sie kann natürlich nur denen zugemutet werden, die den Zusammenhang zwischen der Botschaft Jesu und der Kirche sehen. Aber diese können nicht darauf verzichten. Sie werden sich immer wieder bemühen müssen, die Kirche im Innern und im Äußeren christlicher zu machen: wahrhaftiger, selbstkritischer, offener, menschlicher, gläubiger, geistlicher, mehr liebend und hoffend, mehr fähig, ihre eigenen Konflikte fair zu lösen, mehr bereit, sich zu trennen von dem, was ihrer Botschaft im Wege steht.

Sie werden die Feier der Liturgie ständig erneuern, sie immer wieder befreien von der Versteinerung in fixierten Formen, in welchen sich die Menschen der Gegenwart nicht wiedererkennen können, und von der Verflachung, in welcher das Geheimnis aufgelöst wird in Allerweltsparolen.

Auch diese Bemühungen sind nicht späte Reparaturen an einem Haus, aus dem Kinder und Freunde längst ausgezogen sind, weil sie es unpraktisch und ungastlich fanden, und in dem die Zurückgebliebenen es sich noch einmal schön machen wollen – nein: diese Bemühungen sind Dienst auch an denen, die sich nicht zu dieser Kirche bekennen mögen – aber vielleicht doch offen sind für die größere »Sache«, welche die Kirche zu vertreten hat[10].

Ohne deren Wirklichkeit, an die sie anknüpfen und der sie widersprechen kann, wäre sie nicht, was sie ist. Sie entsteht aus der weitergegebenen christlichen Botschaft, und nur weil organisierte Kirche war und ist, darum kann sich immer neu latente Christlichkeit bilden.« A.a.O., 127.

[10] »Der volle Dienst des ausdrücklichen Stehens in der Kirche wird zwar nicht *von* allen, aber er wird *für* alle getan. Die Menschheit lebt davon, daß es diesen Dienst gibt. Ich glaube, daß man diesen Gedanken ganz konkret soziologisch-geschichtlich durchführen könnte: Wenn es Kirche nicht mehr gäbe, wenn es Menschen nicht mehr gäbe, die sich dem vollen Ernst des Glaubens in der Kirche aussetzen, würde die Welt anders aussehen. Wenn der Glaube der Christen erlöschen würde, würde in der

Kirche ist nicht das Letzte. Aber sie hat einen relativen Wert für das Letzte. Deshalb ist kirchliches Engagement auch und gerade angesichts »unkirchlicher« Jugendlicher, Freunde, Verwandter sinnvoll. Es muß auch ihretwegen geleistet werden, aber nicht mit der verkrampften Verbissenheit, mit der man vorletzte Werte verabsolutiert, sondern in gläubiger Gelassenheit.

Auf längere Sicht würde die Kirche mit einer solchen Haltung auch wieder mehr Überzeugungskraft bei jungen Menschen gewinnen. Nicht nur, weil viele Jugendliche heute sehr empfindlich sind gegenüber Institutionen, die sich selbst über-wichtig nehmen, und weil ihnen sympathischer ist, wer ihnen bescheidener begegnet – nein: einfach deshalb, weil die Kirche ihrer eigenen Botschaft mehr entspricht, wenn sie hinter dieser Botschaft zurücktritt; weil sie mehr an Jesus erinnert, wenn sie selbstvergessen dem Reich Gottes dient und darauf vertraut, daß »dies alles hinzugegeben wird« (vgl. Luk 12,31). Gerade wer an den Geist Christi und die Mächtigkeit seiner Botschaft glaubt, braucht sich dann um die Zukunft seiner Kirche weniger Sorgen zu machen.

Tat – man kann es ohne Übertreibung sagen – der ›Himmel einstürzen‹ über der Welt. Nicht ihre Befreiung, sondern ihre Zerstörung wäre die Folge [. . .] Christ wird man nicht für sich, sondern für die anderen oder vielmehr: Man ist es für sich nur, wenn man es für die anderen ist.« *J. Ratzinger,* Kein Heil außerhalb der Kirche?, 358 f.

Quellen-Nachweis

Gesten

Leicht überarbeitete Fassung von: Sakramente als Gesten. Theologische Deutung von Zeichenhandlungen angesichts gegenwärtiger Erfahrungen, in: Katechetische Blätter 108 (1983) 412–425; auch in: *W. Albrecht* u. a., Zur Grundlegung des Sakramentenunterrichts, Donauwörth 1983, 38–52.

Wirklichkeit schaffendes Wort
Bisher unveröffentlicht.

Eucharistische Tischgemeinschaft
Leicht überarbeitete Fassung von: Konsequenzen eucharistischer Gemeinschaft, in: Katechetische Blätter 109 (1984) 419–430; Teilabdruck in: Kehrt um und glaubt – erneuert die Welt. 87. Deutscher Katholikentag vom 1. bis 5. September 1982 in Düsseldorf. Dokumentation, Paderborn 1982, 330–335.

Was heißt »Vergegenwärtigung«?
Katechetische Blätter 107 (1982) 502–505. Vollständiger Titel: »Tut dies zu meinem Gedächtnis!« Was heißt »Vergegenwärtigung«?

Vielfältige kirchliche Bußpraxis
Überarbeitete Fassung von: Einer trage des andern Last – Sinn und Gestalten kirchlicher Bußpraxis, in: Erlösung statt Vergeltung. Glaube als Befreiung vom Bösen. Bundestag der Gemeinschaft Katholischer Männer und Frauen vom 23. bis 28. April 1984 in Schloß Eringerfeld, Frankfurt/M. 1984, 73–90; auch in: Hirschberg. Monatsschrift des Bundes Neudeutschland, 37 (1984) 241–258.

Korrekturen der Bußverkündigung
Überarbeitete Fassung von: Korrekturen der Bußkatechese, in:
K. Baumgartner (Hrsg.), Erfahrungen mit dem Bußsakrament,
Bd. 2, München 1979, 446–462.

Kirchliches Engagement angesichts unkirchlicher Jugend?
Stark überarbeitete Fassung von: Kirchlichkeit angesichts
unkirchlicher Jugend? in: Katechetische Blätter 98 (1973) 525 bis
534.

Personenregister

Franz-Josef Nocke

Liebe, Tod und Auferstehung

Über die Mitte des Glaubens
175 Seiten. Kartoniert

Je mehr der Christ genötigt ist, den Glauben vor seinen nächsten Bekannten und vor sich selbst zu rechtfertigen, desto mehr wird er nach dem Punkt suchen, an welchem die christliche Botschaft den entscheidenden Nerv seines Lebens trifft. Desto mehr wird er nach der Mitte dieser Botschaft fragen, von der her sich das Ganze des Glaubens ordnet. Mit den Begriffen Liebe, Tod und Auferstehung läßt sich ein Durchblick auf die Mitte des Glaubens gewinnen.

Kösel-Verlag · München

Bernhard Lang (Hrsg.)

Das tanzende Wort

Intellektuelle Rituale
im Religionsvergleich
119 Seiten. Kartoniert

Für den Europäer und Amerikaner, sei er
Christ oder Jude, ist Gottesdienst fast gleich-
bedeutend mit Schriftlesung und Predigt. Ältere Religionsformen, in denen Tanz und Bewegung vorherrschen, sind weitgehend ver-
drängt. Die Entwicklung führte zu Ritualen,
in denen nicht mehr der Mensch, sondern das
gesprochene oder gesungene Wort tanzt. Bernhard Lang deckt diese Entwicklung auf und
stellt die Intellektualisierung des christlichen
Gottesdienstes in Frage.

Kösel-Verlag · München